© Z4 Editions 2018
ISBN : 978-2-490595-11-2

Le temps du Nazisme

1933 – 1945

Le temps du Nazisme
1933 – 1945

Gilbert Wolff

Avant-propos

La montée du nazisme, dès avant 1933, et le succès des idéologies fascistes en Italie et en Espagne, ont amorcé un conflit mondial, soutenu aussi par des rivalités économiques. La guerre inévitable de 1939-1945 bouleversa le monde, et déclencha, ici et là, de nombreuses tragédies. Pendant longtemps, les témoins restèrent souvent silencieux, plus par pudeur que par oubli. Aujourd'hui, ceux qui survivent sont octogénaires ou nonagénaires. Ils éprouvent le besoin d'évoquer les années terribles qu'ils ne peuvent oublier. Ils se souviennent de leurs parents aujourd'hui disparus, certains dans l'horreur concentrationnaire. Ils se rappellent les errances nécessaires, les cachettes obscures... Gilbert Wolff était encore un enfant. Un enfant juif. Il est né en même temps que le troisième Reich. Sa mémoire exceptionnelle fait revivre, avec une précision surprenante, non seulement l'histoire des renonciations, des défaites, des cataclysmes, mais aussi l'histoire de sa famille pendant cette période, les méandres parcourus, les frontières traversées, les amis disparus. C'est un texte que l'on lira avec tristesse, avec mélancolie, mais aussi avec une grande admiration suscitée par le courage et la lucidité de cet enfant, et avec l'intérêt que peut amener le récit des épreuves familiales au cours de ces quelques années de guerre. En filigrane de ce récit, page après page, apparaît la personnalité de Gilbert. L'enfant sensible devient progressivement un adulte conscient et c'est le cheminement de cette belle personnalité, au travers des événements dramatiques de l'époque, que l'on suit avec un sentiment qui ressemble beaucoup à de l'affection. Gilbert a vu monter le nazisme, il se souvient du retour de Daladier de Munich, il se souvient de l'exil dans les Alpes, il se souvient du difficile passage en Suisse, il se souvient du retour à Paris... Nous le suivons dans ses émotions, dans ses souvenirs. Et je peux ajouter que les souvenirs de Gilbert ont rejoint les miens. Il était difficile, à cette époque, d'être juif...

Jean-Claude Pecker

Premières années

1933 –1939

Le 16 novembre 1933, au deuxième étage du 134, rue de la Pompe, deux hommes ronflent profondément dans leur fauteuil. Ma mère, excédée, les réveille par un hurlement. Ils se dressent comme mus par des ressorts et se précipitent vers la patiente, qui éructe dans un spasme : « Vous dormez comme des loirs, pendant que je souffre comme une bête ». Penaud, l'un des hommes, le professeur Le Lorier, examine ma mère et lui dit : « Jacqueline, il faut être patiente ; nous ne pouvons rien pour vous pour le moment ; vous n'avez pas encore perdu les eaux. Tâchez de dormir ». Mon grand-père se penche sur sa fille, lui caresse la tête, l'apaise. Les deux hommes se rassoient ; et bientôt le ronflement reprend dans une cadence qui dut me parvenir car je ne bougeai pas. J'avais décidé, têtu comme je suis, d'arriver pour le déjeuner ; ce qui permit d'ailleurs à ma mère, à peine libérée, de se restaurer légèrement avant de me donner le sein.

Ma mère était une belle jeune femme et ses seins superbes. Ne croyez pas que j'en ai fait une fixation, ou que ma mémoire soit exceptionnelle. C'est quand même un souvenir de tétée, au deuxième degré. En ce début de novembre, la promenade obligatoire (le bon air est indispensable aux bébés) nous faisait, ma mère, mon haut landau et moi, descendre l'avenue du Bois et nous conduisait au salon de thé de la gare de la Petite Ceinture, porte Dauphine. Maman me changeait et me donnait à boire. Une jeune femme sculpteur, Aimée Bianchi, qui passait par là, trouva le tableau joli, et demanda à Maman de poser dans son atelier. L'artiste, à ma connaissance, n'est pas passée à la postérité, mais j'ai retrouvé dans nos archives une photo de votre serviteur, tétant goulûment les beaux seins de Maman.

J'ai raté une autre occasion de passer tout petit à la postérité. Papa était très ami d'un compositeur proche du Groupe des Six, Georges Migot. Il l'avait découvert avant son mariage, avait écrit des articles sur lui, puis un livre, *la Route d'un musicien*. Migot, dont l'ego était grand, se laissait adorer ; et me dédia à ma naissance une berceuse, que Papa me joua au piano. Hélas ! Migot n'a pas encore la place qu'il mérite, au panthéon des compositeurs du vingtième siècle. La célébrité que je pourrais avoir à cause de sa berceuse tarde à se concrétiser !

Migot n'était pas seulement musicien. Il dessinait et peignait dans un style très personnel. Il écrivait beaucoup, à l'encre de chine. Sa graphie était magnifique. Et dans l'abondante correspondance que Papa a gardée, j'ai trouvé cette lettre :

1er juin 34
Avec quelques jours de retard.

Mes amis
Quelle belle œuvre vue chez Bianchi !
Maternité et jeunesse
Tendresse et puissance
Un sens eurythmique du volume qui fait de cette œuvre une Œuvre.
C'est beau, émouvant. Les lumières et les ombres tissent sourire maternel secret devant cet échange de vie entre ces deux êtres adorables. Grande œuvre - Grande artiste. Je suis heureux pour vous de voir immortaliser par vous dans le bronze pareil geste éternel. Je vous embrasse tous les trois.
Georges Migot

Ainsi, le musicien et la sculpteuse s'étaient rencontrés autour de mon berceau ![1] Sans pouvoirs féeriques,

---

[1] Aimée Bianchi hébergea souvent Migot jusqu'en 1945 dans son manoir des Fondettes, en Indre et Loire.

apparemment ! Car si j'aime la sculpture et la musique, je n'ai jamais rien créé de valable. Certains experts prétendent maintenant qu'il faut éduquer le fœtus. Mes parents ont été un petit peu en retard !

Les jeunes parents savent désormais que l'essentiel se joue dans les trois ou quatre premières années de la vie de leurs enfants. C'est étrange de penser que c'est justement la période où l'on ne se souvient consciemment de rien, ou de si peu. Sans les récits de nos proches, sans les photos, instantanés qui figent une célébration, une attitude, une seconde d'émotion, cette première partie de notre vie serait presque identique à celle où nous n'étions pas encore là.

C'est pourquoi nos premiers « vrais » souvenirs, ceux qui n'appartiennent qu'à nous, qui émergent de notre mémoire profonde, sont si précieux. Ils sont le reflet initial de notre personnalité, des flashes purs d'émotion, le début d'un témoignage sur le monde où nous allons vivre.

Mon premier souvenir conscient remonte à mes trois ans : l'hôtel où nous étions descendus à Juan-les-Pins, pour les vacances de Pâques, avait un beau parc, et face à l'entrée un immense massif de fleurs rouges et roses.

Quand bien plus tard j'en ai parlé à mes parents, ils se sont étonnés que j'aie retenu ce flash coloré et oublié ma terreur nocturne pour aller aux toilettes du wagon couchettes.

Je ne me souviens pas non plus de Papy qui est mort en 36 d'une crise cardiaque, juste après des vacances dans le Sud. Si je n'avais pas de photos de lui et quelques précieux documents, sa figure et sa personnalité me seraient inconnues.

Papa adorait ses parents, mais il n'en a presque plus jamais parlé après leur mort.

J'ai en revanche un tout petit souvenir visuel de Bonne-Maman, la mère de ma grand-mère Jeanne, chez qui j'ai déjeuné un jour dans l'appartement du 92 bd Pereire où elle vivait avec notre chère Émilie[2].

En ces deux premières années de mon existence, mes parents essayaient de ne pas voir la montée des périls. Bourgeois bien ancrés dans la société française, ils jouissaient des privilèges de leur classe ; le refus de ma circoncision était davantage, je pense, une volonté

---

[2] Emilie Champeau a été engagée comme nourrice par la sœur de ma grand-mère, Madeleine Vormser, épouse d'Emile Godchot, à la naissance de leur premier fils Robert, en 1908. Elle est restée dans notre famille jusqu'à sa mort, en 1950. Nous la vénérions.

d'assimilation qu'un réflexe de prudence.

Pépé travaillait énormément : sa notoriété de spécialiste des problèmes de stérilité avait franchi les frontières, et des étrangères aisées venaient parfois le consulter. Il opérait aussi, avec retenue, quand c'était vraiment nécessaire. Il assista un de ses collègues à l'appendicectomie de mon père, qui se passa sans problème.

Papa, lui, était entré en 1927 chez Hutchinson. Il était à deux stations de métro de son bureau, rue Balzac. Six jours par semaine, il partait vers 8 h 30, revenait à la maison vers 12 h 30 : la pause du déjeuner durait une heure ou un peu plus, quand il y avait des invités. L'après-midi de travail se terminait rarement après 18 heures. Commençait alors, deux ou trois fois par semaine, sa deuxième vie, de critique musical. Il prenait un bain, mettait son smoking et faisait sa tournée des concerts. Maman l'accompagnait le plus souvent. Elle m'a raconté bien des fois la première apparition en public de Yehudi Menuhin à la salle Pleyel.

Pendant ces soirées, je dormais paisiblement, gardé par mes nurses successives. L'une d'entre elles était une juive allemande qui avait fui le régime nazi. Elle avait raconté à mes parents effarés les humiliations, les menaces physiques, la haine absolue. Pour la première fois, les faits rapportés par la presse et la radio devenaient réalité. Certes, cela se passait à l'étranger. Mais dix-sept ans après la fin de la « der des der » - je viens seulement en écrivant ces lignes de réaliser à quel point ce fut une courte période -, les Français se reposaient sur leur victoire et sur l'invincibilité de la ligne Maginot en construction. Mon père faisait ses périodes de réserviste, en bon officier confiant. Seul peut-être mon grand-père repensait au torrent de boue de l'affaire Dreyfus, qui avait tellement marqué sa génération et l'avait décidé de ne pas se présenter à l'agrégation de médecine.

Ma nurse allemande ne resta pas longtemps chez nous : elle fut surprise par mes parents avec son amant. Je ne saurai jamais si je fus témoin de leurs ébats, et si oui, quelle conséquence cela eut sur l'éveil de mes sens !

Avant le Front populaire, les cadres supérieurs avaient déjà deux ou trois semaines de vacances. Papa prenait huit jours vers Pâques, et quinze jours en été. Pour compléter, il suffisait de louer une maison, soit en Normandie, accessible par ce que les mauvaises langues appelaient le train des cocus, ou train jaune ; soit tout simplement en proche banlieue parisienne. Mes parents s'installèrent deux années de suite à Louveciennes et je me rappelle parfaitement les rayons de soleil qui filtraient à travers les volets l'été où je terminais une coqueluche carabinée.

En revanche je n'ai aucun souvenir de la piscine de nos voisins Boss où je faillis pourtant me noyer.

De notre quartier à Paris, je me souviens du crémier qui faisait l'angle de la rue de la Pompe et de l'avenue Victor Hugo, où Maman achetait entre autres mes œufs coque ; et de l'entrée menant à mon jardin d'enfants avenue Henri Martin. J'y eus à la Noël 38 un très gros chagrin : les jouets du sapin furent tirés au sort, et je ne reçus pas celui que je désirais.

Je fréquentais aussi le cours Martenot, où j'apprenais le solfège. Il m'en reste une boîte de dominos qui me permettrait encore de jouer avec les rondes, les blanches et les noires, les soupirs et demi-soupirs.

L'appartement où je suis né avait un balcon. Je n'avais évidemment pas l'autorisation d'y aller seul. Mais pour mes quatre ans, une photo me montre bien entouré par les cousins et cousines de ma mère dont la plus jeune avait dix-sept ans. Pas de trace de copains ou copines, ce jour-là !

J'en avais pourtant, tous enfants des amies ou relations proches de ma mère. Rosine Bordereau-Cusset est mon aînée de six mois, et nous nous voyons toujours avec le même plaisir. Avec Martine Bader-Moch, j'ai eu des relations mouvementées mais mémorables. J'ai joué avec Alain et Didier Leray, qui avant de devenir mon beau-frère avait et a toujours avec moi en commun les dix premiers chiffres de nos numéros de sécurité sociale : 1331175116 ; nous ne sommes séparés, pour l'état civil du seizième arrondissement de Paris, que par 52 bébés. J'ai aussi côtoyé Francine May, la cousine germaine de ma future femme, que Maman trouvait jolie, ce que je contestais. J'arrête ici le catalogue, pour constater que mes parents, si peu communautaires qu'ils aient été, restaient solidement implantés dans leur famille et leur milieu.

De l'appartement lui-même, j'ai deux souvenirs très précis, liés déjà à l'Histoire.

En 1938, quelques jours avant Munich, mes parents pensaient la guerre inéluctable ; Maman avait décidé de quitter Paris pour Château-Gontier. Nous prîmes le train et passâmes par Angers. Le château, vu par la fenêtre, me frappa par les grandes bandes horizontales de ses tours. Je le dessinai aussitôt, et mes parents se pâmèrent d'admiration. J'aurais oublié ce chef-d'œuvre, disparu dans les déménagements, si Maman ou Papa ne m'en avait pas parlé plus tard. En revanche je me souviens très bien de la joie intense que j'eus, quelques jours après, quand de retour à Paris je repris possession de ma chambre et rouvris mon coffre à jouets.

L'autre souvenir, terrifiant, est auditif. Des bruits rauques, incompréhensibles sortaient du poste de radio posé sur le grand buffet de la salle à manger. Hitler haranguait les foules allemandes, et son débit haché, ses hurlements proférés dans une langue que je ne comprenais pas semblaient pétrifier mes parents.

1939 s'annonçait pour moi comme une année excitante : j'allais avoir un petit frère ou une petite sœur, très désiré (Maman avait fait une fausse couche deux ans avant). Mes parents m'avaient très bien préparé à sa venue, car je n'eus, m'a-t-on dit, aucun accès de jalousie.

Je vins voir la petite merveille, qu'on avait appelée

Danièle, avec mes grands-parents paternels, chez qui j'avais passé quelques jours : on me l'a mise quelques instants dans les bras, pour une superbe photo qui montre mon émerveillement.

En juillet 1939, il y eut, à St Cyr, une grande parade militaire, que je décrivis à Mamy :
« *J'ai vu des tanks, des soldats déguisés de toutes les couleurs, avec des barbes blanches.*
Je m'amuse beaucoup avec de beaux bateaux de guerre anglais que tante Madeleine m'a donnés. Je t'embrasse bien fort ainsi que tante mimi. Gilbert. »

Pépé se souvint plus tard que la dernière parade de St Cyr à laquelle il avait assisté, s'était déroulée... en juillet 1914.

Le 28 août, nous étions à Versailles dans le jardin de la grande maison d'oncle Max[3]. C'est là, et je revois très précisément et le lieu et l'instant, que nous apprîmes la mobilisation partielle. Je ne retins sur le moment que deux

---

[3] Max Vormser est le frère cadet de ma grand-mère maternelle, Jeanne Bloch. Il s'est marié en 1922 avec Simone Franck, dont il a eu deux filles, Annie, qui a épousé Jean-Claude Pecker, et Nicole.

choses : Papa allait nous quitter pour quelque temps ; et nous allions repartir comme en 1938.

Je n'avais pas tout à fait six ans, et mon enfance innocente était terminée. À partir de ce jour-là, j'ai une mémoire continue, qui a retenu l'essentiel et l'incongru ; ce dont tout le monde se souvient, et ce que seul moi j'ai perçu.

2

Drôle de guerre.

3 septembre 1939 – 22 juin 1940

Nous n'attendîmes pas la déclaration de guerre pour quitter Versailles. Papa faisait partie des réservistes rappelés nominativement, et la location de la maison où nous avions habité tout l'été se terminait. La famille décida que Maman serait en sécurité chez la nurse de ma sœur, Mireille, dont la mère possédait une maison à Saint-Dyé sur Loire. Pépé prit donc le volant de la Peugeot et nous conduisit à destination, Maman, Mireille, Émilie - notre fidèle nounou -, Dany et moi. Puis il reprit le train pour rentrer à Versailles, chez Max, rue Douglas Haig.

Il semble que j'ai été très sage pendant le voyage : Mémé écrit le lendemain : « Il paraît que Gilbert a été si adorable hier ; il est si mûr pour son âge qu'il comprend les choses, il a été vraiment extraordinaire ; c'est une belle intelligence et un grand cœur. ». Soixante-sept ans après, je rougis de ce satisfecit de ma grand-mère.

Nous ne restâmes pas longtemps à Saint-Dyé : chez Mireille, il n'y avait pas l'eau courante et, à proximité, un enfant tuberculeux toussait. Maman prit peur et écrivit à son père qui essaya de la raisonner : « *Ma chère enfant, ne prends pas de décision précipitée. L'absence d'eau courante est évidemment fort désagréable ; dis-toi que du temps de mon enfance c'était l'ordinaire, et que ma mère nous a quand même fort bien élevés.* » Dans une autre lettre, deux jours après, il ajoutait : « *ma chère petite Line. Ces mots seulement pour te conseiller de ne pas tant réfléchir et prévoir : il faut vivre au jour le jour. Le ravitaillement se fera certainement partout. As-tu du lait pour Dany pour assez longtemps ? C'est l'essentiel ; les grands mangeront ce qu'il y aura.* »

Mais Maman n'attendit même pas une semaine. Oncle Max, lieutenant-colonel de réserve, avait été affecté à la base aérienne de Tours, qu'il commandait. Il trouva une location à Saint-Avertin pour notre petit clan, qui s'était augmenté de Mamy et de sa cousine germaine, Mimi Meyer. Le 4 septembre, Maman donnait à Papa notre nouvelle adresse : nous avions fait un saut de puce de 80 km.

Papa, lui, était donc mobilisé depuis le 25 août. Il avait rejoint sa batterie de DCA, la 106e, à Nanteuil-le-Haudoin, à 10 km au sud-est de Senlis. Maman a conservé une quinzaine des lettres que Papa lui a envoyées entre fin août et fin décembre 1939. Elles traduisent bien l'atmosphère de cette « drôle de guerre », où il n'y avait pas de front, pas de combat, et aucune préparation pour des chocs futurs. On se sentait vraiment à l'abri de la ligne Maginot !

Papa espéra jusqu'au bout que la guerre n'aurait pas lieu. Vendredi 1er septembre, il écrit : « *Je reste très optimiste quant à moi. Il me semble que si on avait dû se battre, Hitler ne nous aurait pas laissé le temps de nous préparer comme nous l'avons fait durant cette quinzaine. Du reste, il semble bien que nous allions vers le revirement de l'Italie et de l'Espagne* ». Pourtant, le même jour il avait eu un « tuyau de cuistot » auquel il n'avait pas cru, qui annonçait l'ouverture des hostilités en Pologne.

La guerre était effectivement imminente. Dans la lettre qu'il envoie le lendemain à Maman, Papa n'en doute plus : « *Ainsi, nous voilà au seuil de l'horrible chose. Jusqu'au bout, j'avais espéré le miracle. Je t'espère forte courageuse et calme. Ce matin la radio ne disait pas grand-chose. Il est vrai qu'avec la censure, il est bien difficile de savoir ce qui se passe. Ce qui est curieux c'est qu'aucune notification officielle de l'état de guerre ne nous est parvenue. J'avais eu l'intention de renforcer les postes d'alerte de nuit. On l'a jugé inutile et on a eu raison. Nous n'avons pas entendu le moindre bruit d'avion, ni ami, ni ennemi. »* Il ajoute : « *Et maintenant, qu'allons-nous devenir ? J'avoue que je ne me représente pas du tout la tournure que peut prendre un semblable conflit et quelle peut en être la physionomie ? La ligne Siegfried et la ligne Maginot se font face et se proclament inexpugnables. On va donc se regarder en chiens de faïence, et ce ne sont pas les bombardements aériens qui pourront mener loin, même si les grands serments de respecter les femmes et les enfants ne sont pas tenus.* »

En attendant que les hostilités se déclenchent, Papa et ses hommes s'organisaient. Je vais résumer leur vie qui, jusqu'à la percée éclair allemande de juin 1940, fut une vie de sybarites, gâchée parfois par quelques bombardements. Il ne faut certainement pas généraliser et considérer que toute l'armée française était en vacances. Mais je retire quand même de ce que mon père a écrit et raconté un sentiment de stupéfaction devant ce qui était au minimum de l'insouciance, voire même de l'amateurisme impuissant.

Il faut dire toutefois que son unité n'était pas destinée à combattre. Elle était chargée de prévenir l'arrière d'attaques aériennes imminentes : elle disposait uniquement de moyens d'écoute et d'éclairage, mais pas de canons anti-aériens. Et quand Papa, en ce début d'hostilité, intercepta un parachutiste ennemi, ce fut courageusement armé de son revolver d'officier et d'un fusil non chargé, car les munitions disponibles n'étaient pas au bon calibre.

La section d'éclairage de Papa comportait une cinquantaine d'hommes, répartis en quatre emplacements. *« Le central téléphonique est installé dans une grande ferme avec au milieu de la cour, une grande fontaine ronde à l'eau courante : quand j'y passe le matin, toute l'équipe est là, le torse nu et ensavonné. Ils se sont procurés un tube de caoutchouc et se donnent des douches glacées. Il y a tous les âges dans cette équipe ; le plus jeune, de la classe 34, « tinorossise » agréablement pour la grande joie de ses camarades, et je dois de temps en temps pour leur faire plaisir, écouter un « récital » qui n'a pour moi que peu de charmes. Il y en a trois qui ont fait la guerre, et le doyen de la section, lui, est de la classe 8 c'est-à-dire qu'il a 51 ans. Ils sont tous de la région parisienne.*

L'équipe téléphonique qui a fourni un très gros travail dans les premiers jours pour poser et vérifier plus de 20 km de lignes, a maintenant le bon filon. Les lignes, bien faites, fonctionnent normalement et leur vérification par roulement ne leur représente plus qu'un travail insignifiant. Reste à assurer la permanence téléphonique de jour et de nuit, cette dernière étant faite par roulement de deux heures. Ils ont donc beaucoup de loisirs, occupés pour le moment à améliorer leur ordinaire.

À l'autre bout du pays et à proximité immédiate de l'emplacement de manœuvre, j'ai dans deux maisons jumelles les équipes d'éclairages et d'écoute. Ils avaient l'indication d'un cantonnement à peu près impraticable, mais se sont bien débrouillés dans le pays et se sont fait mettre à leur disposition ces deux maisons abandonnées auxquelles ils se sont empressés de rendre la vie. Ils ont pu se faire brancher l'électricité, se sont procurés du bois, ont fait des étagères, des placards et portemanteaux, des couchettes. Trois d'entre eux qui ont fait la guerre dans la marine, et sont des débrouillards sympathiques, ont pris la direction des opérations et ont installé des couchettes superposées, rendant le cantonnement extrêmement coquet. Beaucoup de propreté, de bonne tenue : un cantonnement modèle que je suis heureux de faire visiter à mes collègues et à mes chefs. Une fois le nécessaire fait, ils ont commencé à penser au superflu et leur premier travail a été de débroussailler le terre-plein en bordure de la route nationale, d'y dessiner un jardin à la française, d'y amener du terreau, de l'herbe et des fleurs. Tout le pays vient s'extasier sur leur jardin et le plus amusant dans l'histoire est que le propriétaire des locaux s'est pris d'émulation, et qu'au bout de quelques jours, on l'a vu devant la porte de sa maison, pioche en main, en train de désherber les trottoirs qui ne l'avaient pas été certainement depuis des années. Ces travaux d'embellissement se poursuivent et ce matin, j'ai eu la surprise d'une tonnelle ombragée avec une table et un bouquet de fleurs ; on m'a fait pendre la crémaillère avec une belle bouteille de vin de Touraine cependant qu'on mettait dans ma voiture quelques kilos de cèpes que nous avons dégustés ce midi. Le prochain stade d'aménagement prévu doit être pour moi une surprise, mais je crois savoir qu'il consistera dans l'installation d'un poulailler, d'un clapier et peut-être par la suite d'une porcherie ? Cette attitude les a rendus extrêmement sympathiques dans le pays, ils sont gâtés par toute la population à laquelle ils s'efforcent de rendre de menus services. »

Papa, lui aussi, s'installe. Il demande à Maman de lui envoyer les clés de la rue de la Pompe (et de l'armoire), dès qu'elle jugera que la poste remarche normalement. Il a l'intention lors d'une mission à Romainville, centre du rattachement administratif de son unité, de passer à l'appartement pour prendre du linge et aussi des partitions, au cas où il trouverait un piano dans son environnement proche.

Il organise aussi la popote des officiers, qui se trouve à deux kilomètres dans un petit château isolé, « l'Ermitage. » « *Nous y serons très bien, servis par la cuisinière du château qui est actuellement toute seule. J'espère qu'on va s'empiffrer consciencieusement. Mais comme je me remue beaucoup, je ne grossirai pas pour si peu, rassure-toi !* » écrit-il. La description d'un menu d'un « *excellent déjeuner ordinaire : salade de tomates, omelette au jambon du pays, faisan rôti sur canapé, girolles, salades, port-salut, tarte aux pommes, pêches et raisins, café* » explique facilement qu'il ait frisé les quatre-vingt-quinze kilos au moment de la débâcle. Il en reperdra quarante à Toulouse où l'on n'aura pas grand-chose à manger !

« *Pour améliorer l'ordinaire des hommes, le commandant avait décidé d'envoyer chaque semaine une camionnette de ravitaillement aux Halles.*

Une de ces missions de ravitaillement eut lieu le lendemain de la première alerte donnée à Paris. Bien entendu les langues avaient couru, et on parlait de vagues massives repoussées, de combats héroïques et efficaces du 401e de DCA, ce qui ne correspondait à aucune réalité. Mais quand les marchands des Halles ont vu sur notre équipe l'écusson du 401e, nos acheteurs ont été accueillis avec une reconnaissance exubérante, et le marché est devenu quelque chose d'intermédiaire entre une affaire et une collecte. Inutile de dire que notre brigadier d'ordinaire s'est bien gardé de démentir. »

Mardi 12, le capitaine Cortequisse, commandant la batterie, a un grave accident de voiture : double fracture du bassin, et côtes enfoncées. Il est évacué sur l'hôpital de Senlis, et, consulté par son supérieur, propose Papa comme remplaçant.

Garnier, le lieutenant le plus ancien auquel revenait normalement le poste y renonce, en promettant même de payer une bonne bouteille s'il n'était pas choisi ; un autre lieutenant se désiste également, si bien que Papa est accueilli le matin suivant par ses camarades au garde-à-vous, l'appelant « mon capitaine ». Les hommes furent ravis, et Papa plus sensible à l'honneur qu'on lui faisait qu'on aurait pu croire, annonça sa nomination à Maman en lui demandant d'écrire désormais à :

M. le Lieutenant Wolff
Commandant la 106e batterie de projecteurs
Ormoy-Villers, Oise

Maman s'inquiète très vite de la proximité de la base

aérienne et des ponts sur la Loire. Papa pense que le danger est minime, et lui conseille dans sa lettre du 10 septembre de rester à Saint-Avertin. D'autant plus qu'il faut songer à ma scolarité : « *Mettre Gilbert à l'école te permettrait de te consacrer sans trop de fatigue à Danièle. Je ne verrais aucun inconvénient à ce que tu l'inscrives tout bêtement en deuxième année d'école primaire. La rentrée des classes est fixée au deux octobre, tu as donc le temps de voir venir. Mais si tu partages mon opinion, il pourrait être intéressant que dès maintenant tu te mettes en rapport avec un instituteur local ou un directeur d'école, pour voir un peu quelles seraient ses lacunes, s'il en a. Je ne pense pas qu'à l'école communale on apprenne en première année beaucoup plus de choses que Gilbert n'en sait déjà. Si cependant il paraissait utile de lui donner quelques leçons ou de le faire travailler, il faut mieux que tu aies le temps de t'organiser.*

De toute façon, cette question doit jouer son rôle dans ta décision quant à ta résidence définitive. Il ne faut pas que tu sois tous les huit jours en train de penser à déménager. C'est une fatigue et un énervement. Une fois que Gilbert sera en classe, tu as intérêt à lui laisser ses camarades et sa maîtresse. Vois donc si tu resteras à Saint-Avertin ou si tu déménages, et prends la décision si possible pour la fin du mois, puis fais inscrire Gilbert à l'école en temps utile. »

La décision de Maman ne fut pas difficile à prendre : car entre-temps Pépé avait été requis par la préfecture de la Loire inférieure pour remplir les fonctions de chirurgien de l'hôpital de Saint-Nazaire en remplacement du Dr Jagot, mobilisé. Dans un laps de temps très court, presque toute la famille se retrouva à La Baule, dans une très grande maison, « la Guitoune », rue des Tilleuls. S'y installèrent tante Simone et Nicole ; Emilie, Pépé, Mémé, Maman, Danièle et moi ; puis un peu plus tard, tante Gi et Annie. Didier Blot, lui, préparait son baccalauréat dans un pensionnat.

Papa se plaisait dans son unité, et ne voulait pas entendre parler d'une affectation spéciale que Raphaël Wahl et Roger Meyer[4] se proposaient de lui faire avoir.

En revanche il avait été approché par un ami industriel du caoutchouc, lequel avait reçu du service de

---

[4] Raphaël Wahl (1877-1963) était l'oncle, du côté maternel, de mon père, qui était entré chez Hutchinson sur son entremise. Roger avait épousé Léa Lajeunesse, dont il n'avait pas eu d'enfant.

Roger Meyer (1897-1973) était le cousin germain de mon père. Il était le fils d'Isidore Meyer, et d'Estelle (dite Mimi) Meyer, cousine de ma grand-mère Jeanne Goldschmidt, née Olff.

Mes grands-parents paternels, Léon et Jeanne Wolff, sont enterrés, au Père Lachaise, dans le caveau Wahl - Meyer.

fabrication d'armement une commande importante et renouvelable de *masques à gaz pour chevaux* (sic) : si son affaire prenait de l'extension il proposerait à Papa une association. Mi-lucide, mi-crédule, Papa avait tout d'abord considéré cela comme une amicale galéjade, mais il demandait quand même conseil à Maman... Au cas où...
On peut toujours rêver ! Les panzers allemands se chargeront de faire avorter ce projet ... hilarant.

Dans la même lettre, mon père évoque aussi les problèmes matériels ; il dit à Maman qu'elle peut tabler sur un budget minimum de 4.000 F par mois (environ 1.700 €), dont les deux tiers seront payés par Hutchinson, et un tiers par l'autorité militaire. D'autre part, il tient pour acquis sa nomination prochaine au grade de capitaine ce qui augmenterait les rentrées de 20 %. Cela permettait de vivre correctement à cette époque.

Depuis la mi-septembre, Papa demandait à Maman de venir lui rendre visite à Ormoy, puisqu'il n'avait pas de permission. Le 2 octobre il lui écrit : *« Je te confirme qu'on continue à circuler avec la plus extrême facilité, et que dimanche le « train des femmes » était aussi complet qu'habituellement sans qu'aucune formalité ne soit exigée. »* Maman décida de le rejoindre dix jours après, et Papa lui envoya un plan très détaillé pour qu'elle puisse rejoindre directement le PC de la batterie. J'en conclus que Maman, pour entreprendre après tant de déménagements un périple si fatigant, était très amoureuse de mon père ; et que celui-ci semblait parfaitement ignorer ce qu'est un secret militaire !

Début octobre, je reçus consécutivement deux lettres personnelles de mon père. La deuxième disait : « *Mon petit Gilbert, j'ai vu vendredi dernier Mamy qui m'a dit que tu avais fait beaucoup de progrès en lecture. Aussi je t'écris aujourd'hui une vraie lettre comme à un grand. Tu me diras si tu as bien su la lire et ensuite je t'en écrirai d'autres. Je reçois toujours tes lettres et tes beaux dessins. Tu m'as envoyé l'autre jour une belle image de la maison de Saint-Avertin. Je pense que je recevrai aussi le dessin de la maison de La Baule. Si tu ne l'as pas encore fait, je compte sur toi. Il faudra aussi que tu me fasses un dessin de la plage. C'est très important. Tu vois, nous avions cru que tu n'irais pas à la mer cette année. Tu y es allé tout de même. J'espère qu'il a fait assez chaud pour que tu aies encore pu faire de beaux pâtés et des forts sur la plage. C'est tout de même mieux que le tas de sable de la maison de Versailles. Tu t'en souviendras de la maison des puces ! Veux-tu me raconter tout ce que tu fais ici. As-tu trouvé des petits camarades ? Il faut bien t'amuser et aussi être sage et travailleur. Pense souvent à ton petit Papa qui t'embrasse bien fort et qui espère te revoir bientôt. Embrasse pour moi Maman, Mémé, Pépé, tante Simone, Nicole et Émilie. Encore une bonne bise de ton Papa.* »

En ce début octobre, Mamy prit finalement la décision d'aller à Dax avec sa cousine Mimi Meyer. A Paris, notre domestique, Marie s'était replacée chez des bourgeois revenus de province, mais, non logée, elle demandait à mes parents de garder sa chambre rue de la Pompe. Papa profita d'une mission à Romainville pour la rencontrer et lui donner son accord ; puis il partit s'habiller aux meilleurs prix : en attendant d'acquérir par l'intermédiaire d'aviateurs un manteau de cuir (ce qu'il ne fit d'ailleurs pas, à ma connaissance) il se procura, gratuitement, un imperméable militaire mais bien coupé, chaud et confortable ; un pantalon fait sur mesure par le tailleur de l'intendance. Il termina ses emplettes dans un grand magasin où le capitaine Cortequisse avait des relations personnelles. Celui-ci était en voie de guérison et attendait le feu vert des médecins pour aller en convalescence chez lui, à Angers. Il était question que Papa le conduise en voiture, et continue vers La Baule pour venir nous embrasser. Mais cela ne se fit pas et Papa dut attendre la fin de l'année pour avoir enfin une permission.

Puisque la 106e batterie semblait durablement installée à Ormoy-Villers, mon père se mit à la recherche d'un hébergement plus confortable. Il eut bientôt deux propositions, l'une qui semblait très séduisante, mais qui pouvait tarder à se concrétiser ; l'autre très convenable, qui pouvait aboutir à très court terme. Prudent, il laissa ses deux fers au feu, et fit sa cour musicale aux deux couples propriétaires ; d'abord les Maingeot, ses préférés : « *J'ai fait hier la connaissance de mes futurs propriétaires qui sont de bons vieux tout à fait charmants. La femme est très musicienne : piano et chant. Je dois aujourd'hui aller prendre le café avec eux et faire un peu de musique. Ils ont dans un salon immense meublé de beaux meubles anciens, outre un billard que j'aurai à ma disposition, deux pianos : un bon piano droit d'études et un authentique grand queue de concert Steinway, sept octaves un quart, les trois pédales et tout et tout, instrument qui doit avoir une dizaine d'années, et qui est en parfait état d'entretien et d'accord. J'ai visité ma future chambre occupée encore pour un nombre de jours indéterminés par le colonel du régiment des tirailleurs (je pense qu'il partira dans une semaine). La chambre elle-même est très vaste, un peu encombrée de meubles. Lit très grand et qui paraît excellent. Beau parquet, en grande partie recouvert de tapis. Deux armoires à glace et une belle penderie. Chauffage central dés maintenant allumé, et la provision d'hiver est constituée. À côté, une belle salle de bain moderne plus grande que celle de Versailles est à ma disposition.*

L'affaire est dans le sac : cette chambre, avec la complicité du secrétaire de mairie, va disparaître des états de cantonnement, et ne pourra donc plus être touchée par les troupes qui viendront ultérieurement. J'y serai princièrement installé. J'ajoute un dernier détail qui te sera plus agréable qu'à moi : mes futurs propriétaires ont de l'asthme et demandent qu'on ne fume pas chez eux. Je ne sais pas encore à quelle date je déménagerai mais les choses prennent tournure. »

Quinze jours plus tard, à titre provisoire, il prend ses quartiers chez le deuxième couple, les Drouin : *« J'apprécie,* écrit-il, *la volupté d'une chambre saine, sans humidité, où un bon feu de bois m'accueille le soir. Autre volupté appréciable : celle de ne pas avoir à sortir pour aller au W. C. Mais ceci n'est qu'une étape, et bien entendu, dès que possible, je m'installe chez les Mingeot, où j'aurai finalement la jouissance d'un petit appartement : chambre à coucher avec lavabo, eau courante chaude et froide, bureau, terrasse d'été, jolie vue au midi sur les jardins et les bois ; clair et gai. Il me faudra encore une bonne quinzaine de patience.*

En attendant la musique marche, et je me partage équitablement pour éviter toute jalousie, entre le demi- queue Pleyel de Mme Drouin et le piano- queue Steinway de Mme Mingeot, tous deux excellents. »

Le 7 novembre arrive : les 37 ans du lieutenant Wolff sont dignement célébrés par ses hommes : *« Notre fidèle Ballé avait préparé pour la circonstance une superbe pièce montée, qui avait bien 30 cm de haut, en choux à la crème nappés de caramel, de crème au beurre décorée, et de fruits confits, qui avait grande allure. Elle était surmontée d'un petit avion et flanquée de quatre projecteurs en miniature. Au centre de cette oeuvre d'art, il y avait une pile électrique, et les contacts étaient faits de telle manière qu'ils s'établissaient en flambant une allumette et que les quatre projecteurs éclairaient l'avion. »*

Et il ajoute : *« Le moral de la troupe est bon, tellement bon que lorsque, comme c'est le cas aujourd'hui, je dois désigner des gens pour me quitter dans des conditions qui ne sont pourtant ni désagréables ni dangereuses, c'est un drame épouvantable. Je m'en vais de ce pas aller essayer de consoler les partants. »*

Les raids aériens allemands se font plus fréquents, et donc les alertes ; l'une d'entre elles fait rire toute la batterie :

« *Comme tu as pu le voir dans les journaux, nous avons eu alerte l'avant-dernière nuit. C'est d'ailleurs nous qui l'avons déclenchée, et tu te serais amusée d'entendre ce bout en train de Leroy déclarer : c'est nous qui sommes les maîtres. On les a tous réveillés, jusqu'à Bébert Lebrun !* »

Les journées étant sans problème, on varie les distractions : *notre popote s'est meublée ces jours derniers d'un billard russe. Nous envisageons aussi de nous faire faire par les moyens du bord une table de ping-pong.* Enfin grand événement local ; la réouverture du cinéma à Crépy. *Les Temps modernes*, de Chaplin, fut un des premiers films projetés, avec une critique de Papa pour le moins un peu courte : *de très bonnes choses et beaucoup de médiocres.*

Et puis il y a aussi le foot, déjà ! Les hommes de la batterie ont organisé un match avec leurs officiers et sous-officiers : partie mémorable, où le « commandant » Wolff loupera tous les ballons, et qui se terminera par un score de quatre buts partout. Papa est ravi d'avoir participé : « *Je suis mort*, commente-t-il, *tout ce qu'il y a de plus mort ! mort de fatigue - tout va bien - mort au bridge - tout va mieux -, mais content d'avoir, pendant quelques quarts d'heure retrouvé mes vingt ans alors que j'approche du double.* »

Le 16 novembre, je reçus deux lettres d'anniversaire,

une écrite par ma grand-mère ; et l'autre de mon père :

« Mon grand garçon

C'est aujourd'hui ta fête, et te voilà maintenant un grand de six ans. Tu sais que ton petit Papa est triste de ne pas pouvoir être avec toi, ce jour là, pour la première fois. D'habitude, à Paris, tu as à déjeuner tous tes petits et grands cousins et cousines. Cette fois-ci, tu t'en passeras, puisqu'ils sont dans tous les coins de la France. Mais je crois que Maman t'a invité des petits camarades : Bernard et Catherine, et ta fiancée Martine.

Tu me raconteras si Maman a fait un bon déjeuner, si vous vous êtes bien amusés, et si tu as reçu de jolis cadeaux. As-tu reçu le petit projecteur que je t'ai fait envoyer ? Es-tu content de ce jouet ? Est-ce qu'il éclaire bien ?

Maman m'écrit que pour tes six ans tu as demandé qu'on te coupe les cheveux comme un vrai grand garçon. Veux-tu dire à Maman que je serais content qu'elle m'envoie une mèche de tes beaux cheveux de petite fille. Il faudra aussi que tu demandes à tante Gilberte de te photographier. Je voudrais bien voir la tête que tu fais avec les cheveux courts. Est-ce que maintenant tu te coiffes tout seul ? Et comment ? En arrière ? La raie au milieu ? Sur le côté ?

Tu diras à tante Gilberte qu'elle n'attende pas trop longtemps pour faire développer ses photos, et que je suis très impatient de les voir.

Maman me dit que tu travailles très bien en classe et que tu as de bonnes notes. Tu sais que rien ne peut me faire plus plaisir. Il faut faire très attention pour apprendre beaucoup de choses intéressantes. Je sais qu'on te donne du travail à l'école, mais tu devrais trouver le temps de m'envoyer quelques lettres et des dessins. Avant, tu m'en envoyais tous les jours ; maintenant je n'en vois plus beaucoup.
Tu embrasseras pour moi tout le monde à la maison : Mémé, Pépé, tante Simone, tante Gi, Annie, Nicole, Émilie. Embrasse aussi pour moi Maman et ta petite sœur très tendrement.
Garde aussi pour toi quelques bonnes bises de ton Papa qui t'aime très fort. »

En retrouvant il y a peu cette lettre, je constate avec plaisir que j'ai obtenu satisfaction assez facilement en ce qui concerne ma coiffure. En revanche, j'ai mis beaucoup plus de temps à me débarrasser de ma fiancée Martine, en tant que fiancée. C'est miracle que je l'ai si longtemps gardée comme amie !

La fin de l'année approche et on commence à parler sérieusement de permission. Les dates se précisent : après des discussions amicales, puis un tirage au sort, les officiers de la batterie *changent encore une fois leur projecteur d'épaule*. Papa précise : « *Je crois que c'est Buisson qui a eu la gentille pensée, acceptée d'enthousiasme par Garnier et Gresset, que ces fêtes familiales avaient plus de signification pour ceux d'entre nous qui avait des enfants jeunes, et qu'il fallait en conséquence, nonobstant le tirage au sort contraire, les réserver à Massoulard et à moi.* »

Papa devait venir à La Baule, soit du 17 au 28 décembre, soit du 28 décembre au 9 janvier : Ce fut la première période qui fut choisie. Mamy avait prévu de venir nous rejoindre pour cette première permission ; elle ne repartit pas tout de suite à Dax, et résida quelque temps chez Alice Kahn, dans une villa proche de la nôtre, « Morgane ». J'étais aux anges que nous soyons tous à nouveau réunis, et très fier de voir Papa en uniforme. Émilie m'avait confectionné un képi en carton et un poignard d'officier : j'ai une photo de nous deux sur la plage de La Baule, en train de faire un beau salut militaire, lui réglementairement de la main droite, et moi, allez savoir pourquoi, de la main gauche ! Nous sommes en tout cas aussi mal fagotés en uniforme l'un que l'autre.

Nos retrouvailles furent, hélas ! plus courtes que prévues : Papa fut rappelé dans son unité avant que le père Noël ne passe à La Baule ; mais apparemment, celui-ci avait commencé sa tournée en avance à Ormoy, pour livrer au commandant de batterie une nouvelle voiture, *une Vivaquatre, véritable mastodonte, carrossée en conduite intérieure commerciale, coussins cuir, toit ouvrant, et tout et tout.* Papa avait également reçu quatre bouteilles de mousseux d'Arbois, cadeau de M. Cretin-Billet, fabriquant de lunettes à Morez et gros client d'Hutchinson. (Douze ans plus tard, il m'invitera dans sa famille pour skier et je nouerai des relations amicales avec ses enfants).

La journée du 24 décembre se termine paisiblement. Papa écrit : « *J'écoute le discours de Daladier, qui contient de très belles choses, sur l'Alsace-Lorraine notamment. Je vais dans un moment partir pour une tournée nocturne de positions, serrer les mains des réveillonneurs, puis à 11 heures ce sera notre tour. Je ne connais pas encore le programme des réjouissances, mais j'ai vu préparer un petit cochon de lait farci, qui doit bien peser une trentaine de kilos, et pour lequel il a fallu confectionner un plat spécial, des oies truffées et des dindes. Encore quelques centaines de grammes de plus qu'il me faudra perdre !*

Veux-tu dire à Gilbert que je compte sur lui pour me dire s'il a reçu la visite du Père Noël, et ce qu'il lui a apporté. Demain, je lui écrirai une « lettre personnelle ».

Embrasse pour moi toute la Guitoune. Ces jours heureux de cette semaine ont vite passé, mais ils reviendront bientôt, cette fois. »

La permission suivante était prévue pour fin janvier. En attendant, mon père était très occupé. Il était chargé par Hutchinson, vraisemblablement pour un projet de la Défense nationale, de superviser des essais, à Tancarville. Ensuite il avait des commissions d'examen, puis devait rencontrer le capitaine Cortecuisse pour faire le point et savoir si celui-ci pourrait ou non reprendre son service à la batterie. La période de grand froid avait été rude, mais brève. « *Le dégel a été rapide et brutal, me mettant dans l'impossibilité de réaliser mon projet de refaire du ski hier matin comme j'y comptais bien. Au lieu de glisser sur la neige, j'ai pataugé dans la gadouille et je te prie de croire qu'il y en avait.* »

Il n'y eût pas de contretemps et Papa arriva à La Baule fin janvier. Cette fois-ci, il se mit en civil, et nous fîmes de longues promenades dans la lande bretonne.

De retour à Ormoy-Villers, il m'écrivit une lettre qui est l'avant-dernière que Maman ait gardée de cette période : « *Mon grand garçon, pendant que je t'écris, tu commences ta classe de ce matin, et tu dois penser à ton petit Papa avec qui tu as bien profité de ces quelques journées à La Baule. Si tu veux lui faire plaisir, continue à bien travailler : et écris-lui de belles lettres. Raconte-moi ce que la petite souris t'a apporté. Reçois toute ma tendresse. Papa. »*

Je ne sais pas ce que je lui ai répondu. Mais je pense maintenant que la petite souris m'a apporté le don de me souvenir, avec mes yeux de gosse prématurément vieilli, de l'essentiel de nos tribulations entre 1940 et 1945.

En ce début 40, j'étais encore un petit garçon comme les autres. J'allais en classe dans une école en bordure de mer. De mon banc, je voyais les vagues qui venaient se briser sur la plage, et le ciel si varié avec ses nuages vagabonds. J'avais du mal à fixer mon attention, et cela ne s'est d'ailleurs jamais arrangé. Peu de professeurs dans ma scolarité chaotique m'ont laissé des souvenirs inoubliables ; et j'ai toujours travaillé mieux le nez dans les livres que l'oreille suspendue à la voix du maître.

A la maison, les femmes avaient un train de vie peu différent, je pense, de celui d'avant la guerre. Elles se laissaient dévorer par la vie quotidienne, faisaient les commissions chaque jour, parlaient beaucoup, lisaient et écrivaient.

Moi, la classe terminée, je filais à la cuisine où régnait Émilie. Elle me racontait des tas d'histoires que j'ai malheureusement oubliées, et trouvait toujours une distraction inédite. Le clou fut la création d'un élevage d'escargots sous un treillis métallique qui était probablement un vieux garde-manger. J'ai passé des heures à suivre les lents mouvements de cette colonie baveuse. J'ai vu comment on les faisait dégorger, avant de les préparer très traditionnellement avec un beurre à l'ail.

Quand j'avais terminé mes leçons que ma mère ou ma grand-mère me faisait réciter, j'allais admirer ma sœur qui devenait une petite poupée boulotte à laquelle je ne refusais rien.

Les adultes écoutaient beaucoup la radio, qui donnait des nouvelles rassurantes :

8 mars 1940 : lancement à Saint-Nazaire du cuirassé français *Jean-Bart*. (Pépé nous l'apprit en rentrant de l'hôpital).

21 mars : Paul Reynaud devient premier ministre de la France.

21 mars : Le gouvernement français achète tout le stock d'eau lourde (165 l) disponible en Norvège. L'eau lourde est essentielle pour poursuivre les recherches nucléaires.

28 mars : La France et le Royaume-Uni s'engagent réciproquement à ne pas signer de paix séparée avec les Allemands.

9 avril : Les alliés s'engagent à venir au secours de la Norvège.

16 avril : Débarquement du corps expéditionnaire franco-britannique à Namsos (Norvège).

16 avril : Déclaration de Paul Reynaud : la route du fer suédois est et restera coupée !

Ce cocorico fut hélas ! le dernier. Début mai, ce fut la vraie guerre, soudaine et brutale.

10 mai : La France ainsi que les Pays-Bas, la Belgique et le Luxembourg sont victimes d'une offensive allemande. Les forces franco-britanniques viendront trop tard au secours de la Belgique.

12 mai : Les Allemands atteignent la Meuse française et la franchissent. Toute la semaine suivante sera caractérisée par une consternante absence de réaction du haut commandement.

13 mai : Percée de Sedan par les troupes blindées allemandes du général Guderian. Le général Rommel se distingue.

14 mai : Le front français est enfoncé à Sedan.

17 mai : Le général Charles de Gaulle, le tout récent commandant de la quatrième division cuirassée, remporte à

Moncornet un petit succès, mais faute d'exploitation il n'est significatif que de *ce qui aurait pu se passer si...*

18 mai : Le maréchal Pétain devient vice-président du conseil.

21 mai : Les villes d'Arras et d'Amiens sont prises. Les Allemands atteignent la Manche ; l'armée française est coupée en deux, ses meilleures unités encerclées en Belgique.

26 mai : Début de l'opération Dynamo, l'évacuation alliée de Dunkerque vers le Royaume-Uni.

Dans la dernière semaine de mai, la batterie de Papa avait changé d'emplacement, pour se positionner à 100 km au sud-ouest, à Châteaufort près de Versailles.

Le dimanche 2 juin, mon père m'écrit une carte postale montrant le parc de son nouveau cantonnement :
« Mon grand garçon. Voilà le beau jardin du château où est ton Papa. Comme tu vois, il n'est pas malheureux. Mais toi, tu es un vilain paresseux, et il y a bien longtemps que tu ne m'a pas écrit. Quand je viendrai à La Baule, je te tirerai les oreilles. Mais je suis tout de même bien content que Maman ait pu m'écrire que tu avais été deux fois premier à ton classement de semaine. C'est très bien. Embrasse tout le monde pour moi. Je t'embrasse très fort. Papa. »

Cette carte est probablement un des tout derniers courriers que Papa nous fit parvenir avant l'armistice. En effet, sur le front, la situation se dégrade très vite :

5 juin : Attaque des Allemands sur la Somme.

5 juin : Remaniement ministériel. Le général Charles de Gaulle est nommé secrétaire d'État à la Défense nationale et à la Guerre. Il multiplie dès lors les navettes entre Londres et Paris pour tenter de décider les Britanniques à soutenir leur effort en France.

6 juin : La ligne de défense française s'appuyant sur la Somme et sur l'Aisne ne peut tenir, devant les panzers qui, ayant fini de « nettoyer » Dunkerque, renouvellent vers le sud leurs attaques « en pointe », là où les troupes françaises épuisées les attendent « en ligne ». La défaite française est maintenant inéluctable.

8 juin : Le front français est totalement disloqué ; l'exode des civils français du Nord vers le Sud s'intensifie. Paris se vide en cinq jours.

10 juin : Le gouvernement français quitte Paris pour Bordeaux.

14 juin : Les Allemands entrent dans Paris.

Dans les jours qui suivirent, 40.000 soldats britanniques, polonais et tchécoslovaques refluèrent vers le port de Saint-Nazaire, pour tenter d'embarquer vers la Grande-Bretagne. Sur le port et les chantiers navals, il y eut de nombreux bombardements, et le 17 juin, 3.000 réfugiés, soldats et civils, trouvèrent la mort à bord du paquebot *Lancastria* qui sortait de l'estuaire de la Loire. Je fus interdit de plage, où les cadavres venaient s'échouer.

Pépé opérait jour et nuit, civils et militaires. Un matin, à l'aube, il ne put éviter un camion laitier qui faisait sa tournée ; sa 11 CV Citroën fut fortement endommagée, et ne put être réparée faute de pièces.

17 juin : Le maréchal Pétain demande de « cesser le combat ».

18 juin : Le général De Gaulle, arrivé à Londres quatre jours avant, lance son appel salvateur.

Angoissée de ne plus avoir de nouvelles de Papa, consciente de l'arrivée imminente des Allemands à Saint-Nazaire, ma mère, pas plus que les autres adultes de la famille, n'eut l'idée d'écouter la radio de Londres ce jour-là.

19 juin : Le cuirassé Jean Bart, non terminé et tout juste capable de naviguer, sort de l'estuaire de Saint-Nazaire

pour échapper aux troupes allemandes qui pénètrent dans la ville le 21 juin.

22 juin : L'armistice franco-allemand est signé dans le wagon de Rethonde, en forêt de Compiègne. La France est coupée en deux, par une ligne de démarcation, qui part de l'Est d'Hendaye jusqu'à Genève en remontant jusqu'au sud-est de Tours et en passant par Bourges, Moulins et Dôle.

Dans les jours qui suivent, Papa arrive à faire parvenir de ses nouvelles. Il a réussi à conduire sa batterie, sans trop de pertes, jusqu'au nord de Toulouse.

A la Guitoune, on décide bien entendu d'essayer de le rejoindre. A l'hôpital, Pépé avait dû installer un collègue allemand dans une salle réquisitionnée : le contact avait été courtois ; mon grand-père, tout naturellement, lui demanda s'il pourrait lui obtenir un laisser-passer pour toute la famille ; la réponse fut positive.

Mais un événement imprévu vient compliquer la situation : Tante Gi a attrapé une rougeole carabinée. Pépé ne veut pas entreprendre le voyage en voiture avec un bébé de 14 mois, tant que le délai d'incubation n'est pas terminé.

Le 5 juillet, j'envoie à Papa la lettre suivante : « *Mon cher Papa, je t'écris à l'encre rouge. Quand tata Gi sera guérie, on viendra te rejoindre. C'est aujourd'hui que Danièle a 14 mois. Maman est en train de t'écrire ; elle est enrhumée. Danièle dit Papa et Maman, et quand on lui dit de dire Annie, elle dit Anna, et elle dit : cot, cot, cot ; et crotte, crotte, crotte. Nous avons été hier sur la plage : un avion a volé bas ; tout le monde a eu peur et tout le monde a couru vers les cabines. Il est passé juste au-dessus de nous. C'est amusant...Je t'embrasse bien fort ainsi que Mamy. Gilbert* »

Maman, qui était sur la plage avec moi, n'avait pas trouvé du tout amusant le survol en rase-mottes de ce chasseur allemand ; certes, l'armistice était signé, mais…

Le 11 juillet, Pépé était en possession du précieux sésame. Établi par le commandant de l'Ortskommandatur de La Baule, avec le cachet à croix gammée, il était traduit en français et signé par le maire d'Escoublac-La Baule. Il autorisait M. Bloch Vormser, accompagné de sa femme, de ses deux filles et de deux enfants à se rendre à Toulouse, aller simple, le 13 juillet 1940, avec sa voiture de tourisme, immatriculée 4012 RK3.

Il n'y avait plus qu'à partir.

Je me souviens parfaitement de ce voyage. Il faisait très chaud et la route était longue. Au poste de passage de la ligne de démarcation, Pépé fut soumis à un interrogatoire qui nous parut long. Quand la barrière se leva et que notre Peugeot repartit, ce fut une explosion de joie dans la voiture. Mon premier souvenir de zone Sud fut une immense réclame sur un pan complet de maison, vantant les mérites du cirage Ric et Rac avec deux caniches, l'un blanc, l'autre noir. Mon deuxième souvenir fut la nuit passée dans une auberge proche : il n'y avait pas assez de chambres et je dormis, mal, dans le lit de Pépé.

3
Zone Sud.

Juillet 1940-mai 1943

La 106e batterie s'était installée dans des champs et des granges situées sur le territoire de Grenade, petit village à 32 km au nord de Toulouse. Nous y arrivâmes probablement vers l'heure du déjeuner. Papa avait trouvé à nous loger dans une maison en bordure d'une route vicinale en terre, et en face d'une ferme, où je passai vite mes journées. Petit citadin qui n'avait probablement jamais vu que les animaux du zoo de Vincennes, je fus fasciné par le monde que je découvrais.

On me montra comment percer avec une épingle la coquille d'un œuf encore chaud ; je le gobai avec délices.

Je fis aussi la découverte du fournil du boulanger, qui proposa un jour à mes parents de m'emmener en tournée. Et me voilà parti dans une carriole tirée par un gros cheval de trait. J'éprouvai une joie intense à cette promenade de ferme en ferme, dans l'odeur chaude qui précède la moisson, mélangée à celle du pain tiède. Le claquement des sabots sur les chemins desséchés était ponctué par celui du fouet qui relançait la cadence du cheval.

La joie d'être tous réunis fit rapidement place à l'inquiétude provoquée par la maladie de ma petite sœur Danièle qui attrapa, dans cette atmosphère de cantonnement militaire, une dysenterie bactérienne.

Heureusement Pépé était un grand médecin, au diagnostic très sûr qui s'informait en permanence de l'évolution de la médecine et de la pharmacopée, même en dehors de sa spécialité. Il savait que le seul moyen de sauver sa petite fille était de se procurer un sulfamide.

Cette nouvelle famille de médicaments (les premières publications datent de 1932 et les applications thérapeutiques se sont multipliées seulement à partir de 1938) n'était pas encore très répandue, mais Pépé réussit à se procurer ce qu'il cherchait dans une pharmacie de Toulouse. Le médicament n'avait jamais, nous a-t-on raconté, été donné à un enfant. Mais Pépé trouva le bon dosage, et Danièle se rétablit rapidement.

Après cette alerte, la famille décida de trouver un gîte plus confortable et moins exposé. Nous fîmes un saut de puce de 12 km, pour élire domicile dans une grande maison sise sur la commune du Burgaud.

La maison avait un immense perron ombragé, où toute la famille prenait le frais. En cette fin d'été, Mamy m'apprit deux choses : à faire des nœuds de chaussures qui ne se défont pas facilement ; à enfiler une aiguille et faire un nœud d'arrêt au fil. Je n'ai jamais oublié.

Mamy était une ménagère accomplie. Elle aimait beaucoup cuisiner et avait d'excellentes recettes. J'ai encore dans la bouche le goût de ses calamars farcis ! Elle tricotait aussi très bien et rapidement. Maman, elle, s'appliquait lentement. Une photo les montre au travail, entourées de tante Gi souriante, de Pépé, de Mémé et de Dany qui observe avec intérêt mes faits et gestes. Cette belle journée n'annonçait pas l'orage qui allait s'abattre sur nos têtes.

Les adultes de la famille, eux, étaient parfaitement conscients de la gravité de la situation.

Les mesures contre les juifs avaient en effet commencé juste après notre arrivée en zone Sud. De 1940 à 1944, la législation antijuive comprend 165 textes de

Vichy pour seulement 20 ordonnances allemandes. Souvent hélas ! les gouvernements successifs de Pétain vont devancer les demandes allemandes.

16/07/40 : Expulsion par les Allemands de 18.000 juifs d'Alsace vers la zone Sud.

22/07/40 : Décret-loi de Vichy dénaturalisant quelques 7.000 juifs devenus français après le 10 août 1927.

27/08/40 : Abrogation de la loi du 21 avril 39 qui interdisait la propagande antisémite dans la presse.

27/09/40 : Première ordonnance allemande prescrivant le recensement des juifs en zone occupée.

Il était donc inutile de jouer à l'autruche : la famille à partir de ce moment essaya de prendre les bonnes décisions en fonction des circonstances. Même si nous eûmes beaucoup de chance, nous dûmes notre salut à l'intelligence lucide, le sens des relations humaines et le calme - apparent - de Pépé et de Papa, en accord complet avec les femmes de la famille.

À partir de la mi-septembre, Papa dépendit de l'Etat-major du centre de démobilisation de Toulouse - il ne sera démobilisé que le 8 février 1941 -. Il était donc libre de ses mouvements, et chercha un logement à la périphérie de Toulouse. Les adultes allaient devoir chercher du travail ; et pour moi, c'était l'heure de la rentrée scolaire en neuvième (aujourd'hui CE2).

Papa trouva une location meublée, au 78 de la rue du commandeur Cazeneuve. C'est la dernière maison à droite dans cette rue en cul-de-sac. Au fond du jardin passe la voie ferrée reliant la gare centrale de Matabiau aux Pyrénées. Les trains qui en reviennent s'arrêtent parfois une minute à la gare Sainte-Agne, distante de 500 mètres à peine de nos nouveaux pénates. En tramway, on est à un quart d'heure du centre ville. Si je décris si précisément les lieux, c'est que chaque détail aura son importance dans ce qui fut pour moi, début 43, une grande aventure !

Le 3 octobre 1940 - nous sommes à peine installés - Vichy édicte <u>la loi portant sur le statut des Juifs</u>, dont l'article 1 stipule : « Est regardé comme juif, pour l'application de la présente loi, toute personne issue de trois grands-parents de race juive ou de deux grands-parents de la même race, si son conjoint lui-même est juif. »

Juifs nous étions donc ! Et seulement juifs, 149 ans après que nos familles aient reçu les droits de tout citoyen

59

français. Cet article 1 qui nous mettait au ban de la nation était suivi de neuf autres limitant ou supprimant l'accès aux juifs à un certain nombre de professions.

Ainsi, 400 jours après que mon père, mobilisé, ait exprimé dans une lettre à ma mère son espoir dans la sauvegarde de la paix, il était, la guerre perdue, jugé indigne d'être officier de l'armée française, par un gouvernement à la botte de l'ennemi.

Ainsi, 34 ans après la réhabilitation d'Alfred Dreyfus, mon grand-père, interne des hôpitaux de Paris, était soumis à un quota l'empêchant de pratiquer le métier qui était toute sa vie et qu'il avait exercé avec compétence et dévouement dans le civil et sur les champs de bataille.

Ainsi ma tante, très jeune avocate du barreau de Paris, ne pouvait plus espérer exercer sa profession.

Le processus qui s'enclenchait était simple : on marquait les gens, on les dépouillait de leurs moyens d'existence, on les arrêtait et - nous le saurions assez vite - on les tuait.

Même dans leurs pires cauchemars, aucun des adultes de la famille n'aurait imaginé un tel scénario d'élimination. Ils demeurèrent effondrés pendant des semaines, se sentant nus et isolés.

Pépé reçut néanmoins une lettre qui, malgré certaines ambiguïtés, lui mit un peu de baume au cœur. Elle lui était adressée par un de ses camarades d'internat, Raymond Bonneau, qui avait été également son témoin de mariage :

« Mon cher Maurice,

Depuis notre bonne année d'internat chez Melaton, la vie nous a séparé. Il en est ainsi de beaucoup de vieux camarades qui ont été occupés à gagner leur bifteck avec comme intermède la guerre 14-19. Mais on se revoyait toujours avec plaisir. J'ai connu ta Maman ; j'ai connu ton frère. J'ai été à Versailles ton garçon d'honneur. Tel que je te connais, tu as probablement subi le sort de tous les Français et la patrie te considère comme un de ses enfants.

Je viens te dire dans les heures troubles que nous traversons : reste un bon français. Certes mes aïeux furent depuis le XVIIIe siècle tâcherons, ouvriers de ferme en pleine Beauce, c'est-à-dire de la vieille race, la glèbe du sillon me colle encore métaphoriquement aux pieds. Mais, en salle de garde, n'étais-tu pas notre égal ? Agrippe-toi au sol natal et crois bien que ton ancien camarade est resté pour toi <u>le même</u> qu'il était quand nous assistâmes à la première de « Pélléas ». Et vive *notre France !*

Je te serre cordialement la main avec mes hommages pour Mme Maurice Bloch.

Raymond Bonneau

PS. Ne me réponds pas. Je ne suis pas à Paris et ta lettre ne suivrait pas. »

Ce texte m'émeut, et je préfère, après mûre réflexion, ignorer la référence à la vieille race et prendre le post-scriptum au premier degré et non pas comme un réflexe de prudence. Si Pépé a gardé cette lettre, c'est ainsi qu'il l'a jugée !

Quelques jours avant, ou quelques jours après ce trois octobre, j'étais entré en neuvième à l'école communale la plus proche de la maison, à deux blocs de la gare Sainte-Agne.

Je ne me souviens plus du tout de la tête de l'instituteur ni de son nom, mais, en revanche, de mon retour de classe, une quinzaine de jours après la rentrée. L'air important je dis à mes parents, qu'il me fallait faire, en y mettant tout mon cœur, un très beau dessin pour le maréchal Pétain, qui s'occupait si bien de la France et des Français. Mes parents me traitèrent en très grand garçon : je devais bien évidemment faire un dessin, mais en n'y mettant pas tout mon cœur, car le maréchal Pétain n'aimait pas tous les Français, et en particulier pas nous. Je devais le savoir, mais ne jamais rien dire, surtout pas à mon instituteur.

La première semaine de novembre, mes parents me firent changer d'école, pour aller, de l'autre côté du passage à niveau, à la communale de Rangueil. Mon institutrice, Mademoiselle Alba, était entrée dans ma vie, et elle y est encore, même si je l'ai accompagnée au cimetière il y a plus de 25 ans.

Il apparut heureusement assez vite que les mesures de recensement et d'exclusion ne seraient pas appliquées tout de suite en zone Sud. Nous avions un certain répit, tout relatif. Dans l'immédiat toutefois, il semblait impératif de ne pas se faire repérer, donc dangereux de s'alimenter au marché noir. Vivre avec les seules cartes d'alimentation était se condamner à une sérieuse cure d'amaigrissement. Les cartes, instaurées par arrêté du 20 octobre 1940, permettaient en principe aux adultes d'acheter l'équivalent de 1.200 calories par jour (alors qu'il est généralement admis qu'il en faut 2.400). Mais les magasins étaient désespérément vides : plus de viande, ni de volaille ; plus de beurre, ni d'huile ; plus de chocolat, ni de café, ni de sucre ; peu de légumes verts et de fruits. En ce qui concerne le pain, la ration journalière descendra à 275 g par jour en 1942. Ce pain (de régime !) était constitué de farine de maïs, fève, seigle ou orge auquel on ajoutait des brisures de riz. Ce fut l'époque des ersatz en tout genre : les pommes de terre furent remplacées par les rutabagas, non rationnés et par les topinambours, d'habitude réservés à la nourriture des cochons, au bon goût de fond d'artichaut, qui généraient de grands concours de meilleur bruiteur dans les cours de récréation et ailleurs... Le sucre fit place à la saccharine, le café à la chicorée, le tabac à des herbes diverses dont l'eucalyptus.

Les enfants et adolescents étaient classés en quatre catégories : E, J1, J2, et J3 (les J3 étaient les jeunes de 13 à 21 ans et continuèrent à être ainsi nommés au moins cinq ans après la guerre). Danièle et moi, bénéficions donc d'un régime un peu moins spartiate. Nous avions notamment une carte pour le lait. Et, en classe, je recevais pour le goûter des gâteaux très très secs, au goût parfois moisi, ainsi que de temps en temps une grande cuillerée à soupe d'huile de foie de morue qui remplaçait les vitamines.

Les files d'attente aux magasins étaient énormes. Un jour, Maman partit chez le poissonnier. Après une longue queue, elle tendit à la marchande les tickets de toute la famille, qui lui permirent d'acheter... une tête de lamproie : vilaine tête plate d'un poisson vorace, image d'un régime honni qui voulait, lui aussi, tous nous avaler.

Maman mit la tête dans l'évier, la lava soigneusement et l'ouvrit. Elle découvrit alors, non digérée, une petite sole intacte qui devait bien faire sept centimètres de long. C'est ainsi que ma sœur mangea sa première sole.

Les femmes de la famille tâchaient d'assaisonner le moins mal possible ces semblants de repas. Il y eut parfois des éclats de voix autour de la table : quand on a faim, la portion dans l'assiette du voisin semble toujours plus grosse.

En ce début d'année 41, le charbon fut à son tour rationné et nous eûmes froid, car l'hiver fut rigoureux, avec même des chutes de neige. Sur une photo, Danièle porte un manteau et un chapeau de laine à grosses boules tricotés vraisemblablement par Mamy.

Ce n'est certainement pas pour faire du bois de chauffage que Papa réussit à faire venir tout le mobilier de la rue de la Pompe. L'histoire est presque incroyable. Un matin, en lisant *La Dépêche de Toulouse*, Papa tomba sur l'annonce d'une entreprise de déménagement : « Tout déménagement interzones. JUIFS s'abstenir ! » Papa décrypta le message. Il téléphona à l'agence et demanda le directeur : « Si j'ai bien compris votre publicité, vous vous chargez de tout déménagement, y compris ceux des juifs ? » Son interlocuteur, ravi, confirma qu'il se chargeait de tout. À Paris, Blanche Klein[5] qui était rentrée chez elle, rue de la Pompe, surveilla discrètement les opérations. Et c'est ainsi que la rue du commandeur Cazeneuve cessa de ressembler à un campement.

En mars 41, Vichy décréta le blocage des comptes bancaires juifs. Tristan Bernard, dont on connaît l'humour ravageur, s'exclama : « Les Bloch sont comptés, les comptes sont bloqués ! » De quoi vivions-nous ? Je n'ai aucune certitude. Jusqu'à février, Papa était certainement payé par

---

[5] Blanche Bloch (1874-1963), sœur aînée de Pépé, avait épousé Alexandre Klein, dont elle avait eu deux garçons, Pierre et André.

l'armée et avait peut-être fait virer à temps quelques économies. Pépé, lui, avait vraisemblablement pris la précaution en quittant Paris d'emporter un certain nombre d'actions au porteur (ce n'est qu'en 1984 que les actions furent dématérialisées et gérées par les banques).

Papa avait pu reprendre contact avec Hutchinson et espérait pouvoir se voir confier une mission en zone Sud. Aussi la création fin mars, sur proposition allemande, du Commissariat général aux questions juives l'inquiéta fortement : ce commissariat était chargé de « reconnaître et éliminer les juifs de toutes les interférences dans les domaines vitaux et dans la vie publique ; et administrer leurs biens. » Les présidents de Hutchinson étant juifs, l'aryanisation de la société était à terme inéluctable.

Le 2 juin 1941 un nouveau statut des juifs, encore plus oppressif, fut édicté. Il était applicable non seulement à la France mais « à l'Algérie, aux colonies, pays de protectorat, en Syrie et au Liban. » Il interdisait presque complètement l'exercice d'une profession : « Les juifs ne peuvent exercer une profession libérale, une profession commerciale, industrielle ou artisanale, ou une profession libre, être titulaires d'une charge d'officier public ou

67

ministériel, ou être investis de fonctions dévolues à des auxiliaires de justice, que dans les limites des conditions qui seront fixées par décret en conseil d'État. »

Sadiquement, le statut entretenait pour certains une toute petite lueur d'espoir. Il précisait en effet : « Peuvent être relevés des interdictions prévues par la présente loi, les juifs :

- qui ont rendu à l'État français des services exceptionnels.

- dont la famille est établie en France depuis au moins cinq générations et a rendu à l'État français des services exceptionnels. »

En application de ce statut, tante Gi fut radiée du barreau de Paris. Quant à Papa, il entreprit, au cas, peu probable, où cela pourrait servir à quelque chose, de faire des recherches généalogiques sur nos branches familiales. Sa tâche fut facilitée du fait que les archives départementales du Haut-Rhin s'étaient repliées dans le Gers, et que l'archiviste en chef, qui n'avait manifestement pas grand-chose à faire, lui envoya une étude très détaillée, sur lequel je me suis appuyé pour compléter notre arbre.

Dans mon école du Rangueil, j'avais fait deux très

bons trimestres, en me classant deuxième sur 40. Le troisième trimestre me vit rétrograder à la huitième place, à cause, semble-t-il, d'absences répétées au mois de juin. En juillet, il devint certain qu'il faudrait m'opérer de l'appendicite. Il n'y avait pas urgence et Pépé attendit le retour de vacances du chirurgien toulousain en qui il avait confiance. Pépé avait un principe auquel il s'est toujours tenu : être présent pour ses proches dans la salle d'opération, mais ne pas opérer lui-même, (sauf évidemment nécessité absolue). Je garde donc de ce début d'été le souvenir d'un petit garçon souffreteux qui ne pouvait pas faire grand-chose ; et aussi, lorsque je passai enfin sur le billard, du goût écœurant de l'éther qui m'anesthésia. Le 13 août, ce n'était plus qu'un mauvais souvenir, et j'écrivis une lettre à tante Gi qui était partie à Grenoble rendre visite aux Vormser :

« *Ma chère tante Gi.*

J'ai reçu ta lettre qui m'a fait grand plaisir. Je suis guéri. Danièle est bien polissonne ; on lui a mis de l'aloès mais elle ne fait pas attention et continue à sucer son pouce. Il fait aussi très mauvais. J'ai été au Jardin des Plantes où j'ai vu Guignol et où je suis monté sur les chevaux de bois. Je te souhaite bon voyage. Amuse-toi bien. On a fait des confitures de prunes et des conserves de haricots. J'ai aidé à éplucher les haricots. On a fait un grand feu dans le jardin pour les faire cuire. Danièle aime beaucoup jouer aux cartes. La maison est couverte et on cloue les planches ou les parquets. Une maîtresse de piano va bientôt venir : ça va être amusant. Je m'amuse déjà bien comme ça. Je fais des pâtés avec Danièle et fait tenir des petits jouets dessus. Embrasse bien Annie, Nicole, tante Simone et oncle Max pour moi. Je t'embrasse bien fort et je te dessinerai les petits pâtés. »

La maison dont je parle est celle que notre propriétaire avait décidé de faire construire au bout du jardin pour se loger lui-même. Ce fut pour moi une fascination de voir les différents corps de métier travailler sur le chantier ; on me permit même de prendre un peu de mortier frais, et je construisis une petite maison miniature.

Si nous ne prîmes pas de vacances en 1941, ce ne fut pas à cause de mon opération, ni même à cause du manque d'argent : Papa avait reçu un accord verbal d' Hutchinson pour effectuer des missions de prospection industrielle (on ne disait pas encore marketing). Entre juillet et septembre, il effectua plusieurs voyages qui se passèrent heureusement sans anicroche.

Nous partîmes donc seulement quelques jours à la

campagne, pour ma convalescence ; et là, je découvris le plaisir de la pêche, au point de faillir me noyer. J'avais confondu touffe d'herbe et terre ferme et avais basculé dans l'eau. Heureusement, Papa était à côté de moi et me rattrapa par un pan de mon imperméable - Hutchinson - qui ne résista pas et se fendit sur une bonne longueur. Je bus une bonne tasse, mais il me récupéra sans effort.

Début octobre, je rentrai en huitième au petit lycée de Toulouse, rue Lakanal, à cinq minutes à pied du Capitole. J'éprouvai une grande fierté et beaucoup de plaisir à prendre le tram tout seul. Je n'ai aucun souvenir de mon professeur, Mme Moron ; mais je fis une bonne année sans à-coups, qui me valut le prix d'excellence.

Fin octobre, Papa reçut d'Hutchinson un contrat de travail pour ses missions.

Monsieur,

Nous avons l'avantage de porter à votre connaissance que notre Direction Générale vous autorise à continuer - aux conditions ci après - la prospection que vous avez commencée durant les mois de juillet, août et septembre 1941, au titre de délégué technique de nos établissements, dans les secteurs de nos succursales de la zone non occupée. Votre rémunération mensuelle - impôts non déduits -serait de 5.000 Frs. La prospection serait faite en chemin de fer et vos voyages effectués en deuxième classe ; vous auriez à vous procurer, comme vous l'avez fait pour les trois derniers mois écoulés, une carte donnant droit à la délivrance du billet demi-tarif ; vos frais vous seraient remboursés sur états remis à notre succursale de Toulouse qui nous les ferait parvenir ; cette succursale vous verserait également le montant de votre rémunération mensuelle…

Ces 5.000 francs - environ 1.500 € - étaient les bienvenus, d'autant plus qu'à part le loyer, l'électricité et le chauffage, les dépenses étaient faibles, vu la pénurie.

Tante Gi avait aussi trouvé des occupations, bénévoles je pense, à l'ORT, organisation juive de formation professionnelle ; et rémunérées, j'espère, au secrétariat de l'évêque de Toulouse, Mgr Salièges, qui fut le premier prélat à soutenir les juifs dans leurs épreuves.

Fin octobre également, Mamy partit rendre visite à sa cousine Alice Kahn à Monflanquin, où s'étaient aussi réfugiés oncle Yvan[6], tante Margot et Didier, suivant les conseils de leur ami le cinéaste Jean Benoît-Lévy. Les

---

[6] Yvan Bloch (1882-1962), le frère cadet de Pépé, avait épousé Margot David, dont elle avait eu deux enfants, dont Didier (1922 - 2016).

services du cinéma français avaient été évacués dans ce petit bourg de moins de 3.000 habitants, situé au nord d'Agen, à 160 km de Toulouse. Le cadre de vie était sympathique. Les Bloch y étaient arrivés directement après avoir quitté La Baule, juste avant l'armistice. Didier avait conduit la voiture, malgré la fièvre persistante due à une primo-infection qu'il était urgent de soigner. A peine les valises posées, il fut pris en main par le corps médical local qui lui prescrivit...du repos et de la suralimentation ! Il n'y avait rien d'autre à faire à l'époque, et ce fut efficace, puisque Didier, deux ans après, rejoignit le maquis, puis après la libération, l'armée française.

Les Bloch furent rejoints rapidement par le gros du clan David, la famille de Margot : sa mère Marie-Thérèse ; une de ses sœurs, Georgette Tcherdakoff, et son mari ; ses deux frères, Paul et Pierre David, et leurs femmes ; enfin Georges Schuhl, gendre de Pierre, et sa famille. Georges était un bel homme charmeur, bon bridgeur qui avait fait la drôle de guerre comme brigadier-chef.... à la 106e batterie commandée par Papa ; tandis que sa femme Jacqueline, très belle, et leur fille aînée Catherine étaient à La Baule en même temps que nous.

Alice Kahn ne connaissait aucun membre de cette tribu, et je ne sais pas pourquoi elle était arrivée à Monflanquin. Elle fut heureuse de retrouver pour quelques jours Mamy, qui ne tarda pas à m'écrire. Je lui répondis aussitôt
« Ma chère Mamy.
J'ai reçu avec plaisir ta carte postale. J'espère que tu vas bien et que tu ne perdras pas le kilo que tu as repris, par la diarrhée. La maîtresse n'est pas revenue, et je suis toujours en en septième 1. Voici deux semaines qu'elle n'est pas revenue. Ici il fait très froid ; il faut déjà brancher le radiateur et allumer la cuisinière. Je souhaite qu'il fasse moins froid à Monflanquin qu'ici. Si tu as froid, revient vite. Danièle dit : « J'envoie à Mamy de bons baisers et je voudrais te revoir ». Nous sommes contents d'apprendre l'arrivée des poulets etc. et nous nous réjouissons de les manger. Danièle a dit : « c'est pour moi les poulets ! » Hier elle a pris le beurre et a mangé le quart du beurre qui était dans le bol. Ravion a passé de très mauvaises vacances, il a été opéré des végétations, et quand on est venu l'inviter pour le jeudi, sa maman nous a donné trois œufs pour Danièle, et comme ils ont plus de 10 jours, pour la première fois Danièle a mangé un œuf sur le plat. Les poules de Mme Rochelou ne pondent plus. Hier, il y a eu la visite de la petite Florence Malraux et nous avons bien joué tous les deux. Je vais te faire un dessin. Embrasse bien fort de ma part cousine Alice et

Philippe. Bons baisers aux Yvan. Je t'embrasse bien fort. Gilbert. »

La diarrhée à laquelle je fais allusion était malheureusement due à un cancer de l'intestin. Pépé fit le diagnostic à temps, et Mamy fut opérée vraisemblablement dès son retour de Monflanquin. Tout se passa le moins mal possible pour l'époque. Elle eut un répit de trois ans, avant que le mal se généralise fin 1945.

De Florence Malraux et de sa mère Clara, Maman a gardé une photo prise à l'entrée de la rue du Commandeur Cazeneuve. Nous ne les avons pas revues après cette journée.

Je n'ai aucun souvenir de cette fin d'année 1941. La famille eut peut-être connaissance des trois premiers attentats commis en zone occupée contre des officiers allemands ; et des représailles qui s'ensuivirent, coûtant la vie à 100 otages. Mais ils n'en parlèrent pas. L'attaque de Pearl Harbor, le 7 décembre, entraîna certes l'entrée en guerre de l'Amérique. Mais l'issue du conflit semblait plus lointaine que la montée des périls nous menaçant.

Autour de l'arbre de Noël, il y eut quand même quelques cadeaux. Je me souviens vaguement d'un damier qui ressemblait à un jeu de dames et où les soldats, en carton prédécoupé, portaient dans les deux camps des uniformes français.

En janvier 1942, Papa se rendit, en train, dans la région de Lyon pour le compte d'Hutchinson. Il y visita entre autres Rhône-Poulenc, Berliet, et... le barrage de Génissiat. Ce barrage était en zone italienne : cette zone avait été la récompense offerte par Hitler à Mussolini pour ce que les Français appelèrent le « coup de pied de l'âne », l'entrée en guerre de l'Italie au côté de l'Allemagne, le 10 juin 1940, soit douze jours avant l'armistice. La zone comportait quatre départements du Sud-est, Savoie et Haute Savoie, Isère, Drôme, Il me semble probable que la décision ultérieure de se réfugier à Annecy est la conséquence du voyage de mon père, accompli apparemment sans problème.

À Toulouse, les pénuries alimentaires persistaient. Et Dany, en grandissant, était de plus en plus gourmande : une belle journée de printemps, où il faisait encore trop frais pour manger dehors, la table fut mise dans la salle à manger aux fenêtres grandes ouvertes. Quand nous nous mîmes à table, la boîte de conserve de sardines était vide ;

et Dany, choisissant l'attaque plutôt que la défense, accusa un chat roux. Elle reçut une triple punition (légère) pour gourmandise, larcin, et mensonge... Car elle avait peur de tous les minous !

Début juillet, mon année scolaire se termina en apothéose. J'eus une moisson de prix dont celui d'excellence. La cérémonie de remise de prix se déroulait dans la grande salle du Capitole. Les récipiendaires montaient sur l'estrade, recevaient leurs livres et en redescendaient sous les applaudissements. Je faillis trébucher, dans la contemplation émerveillée de mes trophées rouges et or. Je découvris ainsi Jules Verne et Erckmann Chatrian. Ce plaisir intense de recevoir une récompense m'aurait certainement motivé pour d'autres exploits. Mais mes classes de septième, sixième, cinquième furent coupées en deux, à cause de nos déménagements et par la suite, les prix ne donnèrent plus lieu à une attribution de livres.

Début juillet, la famille décida de s'aérer, et après quelques hésitations, le choix de la villégiature se porta sur Cauterets, où jeunes et vieux pouvaient faire des excursions à leur portée.

Je ne me souviens pas du tout de la pension où nous résidions ; mais j'ai encore dans les narines l'odeur des copeaux de bois de l'atelier de menuiserie tout proche où je passais tout mon temps, quand nous n'étions pas en promenade. J'ai tout de suite aimé le travail du bois ; cela me donna l'idée de tailler avec un canif quelques coques de bateau, et je construisis dans le caniveau de la rue, très en pente, des barrages que je faisais franchir à mes esquifs.

Des promenades en montagne, je ne me souviens que de celle menant au lac de Gaube, où la famille au grand complet monta, avec Mamy qui avait récupéré des forces, et Dany que Papa avait juché sur ses épaules. J'ai fait devant ce site merveilleux un de mes premiers dessins de nature.

Les parents se lancèrent dans des promenades plus difficiles, accompagné par un guide, Jean Pardies. Ils passèrent notamment une nuit au refuge du Marcadau, en compagnie des Bader, dont un des fils, Jean-Claude, devait devenir notre pédiatre.

Un courant de sympathie passa entre le guide et ses clients qui furent invités chez le patriarche de la famille, Auguste, agriculteur à Bielle et gueule cassée de la Grande Guerre. Nous séjournâmes probablement quelques jours dans cette petite bourgade, ancien chef-lieu de la vallée d'Ossau. Nous y fûmes rejoints, l'espace d'une excursion, par les deux cousins de Maman, André et Pierre Klein, qui étaient réfugiés à Pau, tout proche.

Auguste Pardies proposa à mes parents de m'accueillir pendant les vacances scolaires, s'ils le jugeaient souhaitable. Papa s'entremit pour trouver du travail à Jean, qui était guide seulement pendant l'été. Fin septembre, Papa reçut d'Auguste une lettre, dont je garde soigneusement l'original ; outre son contenu qui ouvre quelques clés, elle a en plus une particularité amusante : son verso a servi à Papa pour tracer un brouillon d'arbre généalogique de la branche Bloch qui complète le travail déjà réalisé pour la branche Wolff.

Revenons à la lettre, que je retranscris *in extenso* :
« *Cher monsieur Wolff*
Votre lettre m'a été fort agréable ainsi qu'à toute la famille et aussi à Madame Casau ; nous regrettons qu'il y ait eu de la casse pour les œufs ; quand j'aurais l'occasion d'en avoir, je vous les enverrai avec plaisir ; en cas vous pourrez nous envoyer l'emballage spécial.
J'ai lu avec plaisir tous les détails que comporte vos lettres et je vois que vous vous donnez du mal pour aboutir à caser mon fils Jean (habitant à)

Caussade (Tarn et Garonne). Pour ce qui est de l'usine, je vous fais confiance, je crois que votre compétence est à hauteur pour expliquer l'état des lieux, à peu près les modalités enfin, pour tenir mes intérêts tout en ne sacrifiant pas ceux de ceux qui viendraient chez nous. Je laisse la réussite à vos soins dès que vous voudrez.

Pour la domestique ça va être plus difficile : les jeunes filles qui étaient chez nous ne veulent pas se placer, elles sont couturières et sont en famille. Je vais voir autour de nous si nous trouvons quelque chose.

Merci à l'avance de toutes vos démarches. Vous me fixerez et sur les frais que ça vous occasionne pour que je vous dédommage. En attendant le plaisir de vous lire à nouveau prochainement, veuillez croire avec celui de Mme Casau à notre plus amical souvenir.

Votre tout dévoué.

Auguste Pardies à Bielle. »

Cette lettre donne *a posteriori* un éclairage intéressant sur la période cruciale allant d'octobre 1942 à mai 1943. En effet :

- Papa trouva du travail pour Jean qui déménagea de Caussade à Castres. Lorsque mes parents jugèrent prudent, en avril 43, de quitter provisoirement Toulouse, ce fut à Castres qu'ils se rendirent, vraisemblablement dans un gîte trouvé par Jean.

- le fait de rechercher une domestique montre bien que la situation financière de la famille n'était pas mauvaise : Pépé complétait le salaire de Papa en effectuant légalement quelques prestations médicales. Il était devenu, grâce à son ami le docteur Le Lorier, et à un confrère toulousain, le professeur Garipuy, « technicien en stérilité » à la clinique d'accouchement de la Grâve. Cette qualification fut entérinée le 27 octobre 42 par le conseil de l'ordre départemental, avec l'avis suivant : « *Avis favorable du conseil départemental à l'utilisation comme technicien du docteur Bloch spécialiste de stérilité. Par ses connaissances et son expérience le docteur Bloch est susceptible de rendre de grands services à la famille et à la nation.* » Ça ne s'invente pas ! Pas plus que l'adresse du professeur Garipuy, qui résidait 28, allée Maréchal Pétain.

Début octobre 1942, j'étais entré en septième dans la classe de M. Bourrel. Sans la photo de classe, je ne me souviendrais pas de ce professeur, et encore moins de mes condisciples. Je commençais l'année sur ma lancée, avec nonchalance. J'entrais aussi dans une troupe de louveteaux protestants. J'ai tout de suite aimé ces dimanches dans ma sizaine : Sher Khan et les animaux de la jungle étaient bien moins dangereux que les Allemands. Certes il semblait que la situation militaire se retournait au profit des Alliés. En Russie, un corps d'armée était encerclé à Stalingrad, et en Afrique du Nord, seule la Tunisie restait aux mains de l'axe germano-italien. Les anglo-américains débarquèrent au Maroc le 8 novembre. La famille était pleine d'espoir : ce fut de courte durée.

Le 11 novembre, la zone Sud fut occupée par les Allemands qui arrivèrent à Toulouse. Je me souviens des chars en position sur la place du Capitole. Les tankistes avec leurs casques en cuir noir souple surveillaient la foule résignée.

Les lois juives de la zone occupée s'appliquèrent immédiatement. Pour obtenir les cartes d'alimentation nécessaires à notre survie, les adultes de la famille furent obligés de se faire recenser et le tampon juif fut apposé sur toutes les cartes d'identité. La seule personne qui pouvait encore voyager en train sans danger, c'était moi qu'on expédia aux vacances de Noël à Bielle, en me confiant à la surveillance d'une voisine de compartiment. Le voyage se passa très bien, et j'eus de premières vacances d'hiver mémorables, comme en témoigne ma lettre du 30 décembre.

« Mes chers, Papa, Maman, Mamy, Pépé, Mémé, tante Gi et Danièle.

Je vous remercie de la belle lettre que j'ai reçue ce matin. Elle m'a fait beaucoup de plaisir. J'espère que la maison est toujours à sa place, et que Danièle ne suce plus son pouce. Si elle est sage, elle aura un beau petit livre d'images que je lui ai acheté. Dimanche dernier, je suis allé avec Robert et Pierre à Congles. C'est à quinze kilomètres d'ici, aller-retour, et nous avons parcouru ce chemin en six heures. J'ai pris quelques bûches en ski. Et depuis hier, la neige tombe. Il y a près de sept à huit centimètres de neige. Le jardin est un véritable champ de ski. Hier j'ai mangé des patates frites. J'étais invité par la cousine des fils Pardies à venir voir tuer le cochon. Nous avons bien déjeuné : soupe aux vermicelles, du foie et du beurre, lapin, agneau, petit pois et trois desserts : œufs dans le pot, chaussons aux pommes et une crème de blanc d'œuf et du café. Plus le vin blanc et rouge. Sous la neige le paysage est bien beau. Dehors, la neige tombe toujours. Si ça continue, il y en aura bientôt un mètre. Robert et moi et Pierre nous faisons de beaux avions en bois. Je ne mange pas de dinde mais du jambon et du lard tous les soirs. J'ai grossi de 700 g. Je pèse maintenant 27 kilos 700. J'ai dessiné la cheminée de la salle. Dans la neige j'ai déchiré mes gants et fait un trou à ma culotte. Hier, Robert a mis en rage le petit chat, me l'a mis sur les épaules et le chat m'a griffé. Bah ! Je n'ai *rien senti. Je vais écrire à Annie et Nicole. Je vous souhaite à tous une bonne année. M. Pardies va me photographier en skieur et il m'enverra les photos. Pensez à écrire à ma cheftaine pour dimanche s'il y a une sortie. Vendredi chez M. Pardies il y aura une représentation. Je vous embrasse tous très fort. Gilbert. »*

Je commençai mon deuxième trimestre tout gaillard. Pendant ces trois mois, je n'ai jamais décelé le moindre changement d'attitude de la part des adultes Je ne sais pas quand exactement la décision fut prise de partir en zone italienne. Tout fut préparé minutieusement. Des refuges furent trouvés, au cas où la situation empirerait rapidement ; la mise à l'abri du mobilier fut organisée pour intervenir après notre départ de Toulouse ; enfin on me renvoya à Bielle pour les vacances de Pâques, sans bien entendu me donner la vraie raison.

Je pris le train sans appréhension, fort de ma première expérience, et heureux de retrouver ma ferme et ses occupants, et je pris aussitôt la plume.

« *Mes bien chers.*

J'espère que Mémé est guérie et que vous allez bien. Je suis arrivé à bon port hier soir. J'ai vu toute la famille Klein qui va bien. J'ai

repris mon train qui était bondé et j'ai eu la chance de prendre un compartiment direct Pau-Laruns, mais j'étais debout pendant tout le trajet. J'ai manqué M. Pardies à Pau, car il avait été au marché et ne savait pas que je venais. Nous ne nous sommes trouvés qu'à Bielle. Les cocos vont arriver à Pâques. J'espère que je pourrais manger l'omelette. J'ai acheté à Danièle un petit livre pour Pâques et pour sa fête ; l'un va arriver bientôt, l'autre je le garde jusqu'à mon retour. Vous direz à Maman qui n'y a plus d'espadrilles à ma pointure, mais que si Danièle en veut, il y en a. Si elle en veut, écrivez-moi sa pointure. Vous lui direz aussi qu'elle ne m'a pas donné son adresse et que par conséquent je n'ai pas pu écrire à Tartampion. Que Papa rapporte la boîte à œufs de Turtampion, car M. Pardies l'a envoyée à son fils. Aujourd'hui il fait à peu près beau, mais hier il y a eu un orage à Pau. Je n'ai pas de quoi m'embêter avec tous ces devoirs. Je vous embrasse fort.
P. S. je me suis bien arrangé la lèvre, j'ai reçu la porte du wagon sur la figure.
Je vous souhaite de joyeuses Pâques. »

Commentaire de M. Pardies.

« Chers amis, en effet, j'étais à Pau lundi, et ce n'est qu'au retour que j'ai trouvé votre lettre. Nous étions dans le même train que Gilbert

que j'ai retrouvé à Bielle. Il a fait un bon voyage et est bien arrivé. S'il n'avait pas parlé de sa lèvre, je n'en dirais rien, c'est insignifiant, c'est moi qui ai rayé sa ligne.

Il est très content. Son premier travail en arrivant a été de demander à Pierre de courir à la bascule ; son souci est de prendre quatre kilos, mais je le trouve bien à point, il est bien. Je prends la liberté de me servir d'un de vos casiers pour envoyer quelques œufs à Jean à Castres ; ces jours-ci je vous enverrai aussi l'autre casier. Vous voudrez bien prendre l'autre à Castres. Gilbert est invité à manger l'omelette de Pâques ; il en rigole, je vous prie de croire qu'il en gardera un bon souvenir. Je vous écrirai à nouveau pour vous dire quand on rentrera. Informez-vous de savoir si D… sera là. D'ores et déjà, moi j'arrive le 2 avec Gilbert et M… le lundi soir ; on pourrait mettre ça pour le mardi. Nous en reparlerons, avec plus de précision. Le pneu est vendu 15.000 F.

Le dessin caricaturé par Gilbert était bien de lui ; il voulait dépasser Dany qui est reparti pour un séjour à Marseille.

Bien à vous tous. »

En relisant ces deux lettres, datées du 20 avril 1943, je déduis que mes parents avaient dû me dire qu'ils partaient eux, en vacances à Castres, mais en me demandant de ne pas en parler. D'où le codage de Tartampion.

Quant au dessin mentionné par le père Pardies, il s'agit de son portrait, fort ressemblant pour un premier essai.

Ce que je ne racontai pas aux parents, c'est que je fis un match mémorable de rugby avec les enfants du village. Les courses, les mêlées et même les placages me ravirent, et je pense que j'aurais joué si nous étions restés dans le sud-ouest.

Vint le moment du retour. Pour des raisons que j'ignore, M. Pardies n'avait pas pu me raccompagner, et m'avait mis dans le train. Papa m'avait donné pour instructions de regarder par la portière à l'arrivée à la gare Sainte Agne et de ne descendre que si je le voyais. Sinon, rendez-vous à la gare Matabiau. Des instructions bien difficiles à suivre pour un enfant de neuf ans pressé de revoir son père. À la gare Sainte Agne, je crus le voir et descendis du train. Il n'était pas sur le quai, et je me retrouvai seul avec ma valise trop grosse pour moi. La maison n'était qu'à trois cents mètres, et je me traînai sur la moitié du chemin. Là, fatigué, angoissé, je m'assis sur ma valise et pleurai à grosses larmes. Une voisine s'approcha et me demanda la cause de mon chagrin. Je la lui donnai. Elle porta ma valise jusqu'au 39, rue du Commandeur Cazeneuve, où la porte était évidemment close. Elle comprit immédiatement la situation (j'avais eu de la chance ! Cette voisine était, nous le sûmes après la guerre, femme d'un officier d'active qui était entré dans la résistance et fut fusillé par les Allemands). Elle me reconduisit au tram et me donna un ticket pour la gare Matabiau. Là, bien entendu, pas de traces de mon père !

Cette fois-ci, je ne perdis pas mes esprits. J'osai m'adresser à un policier, lui expliquai que je n'avais pas trouvé mon père à la gare, que je me rendais chez mon institutrice Mademoiselle Alba, 24 rue des Roziers, mais que je n'avais pas d'argent pour payer un fiacre. Il me fit confiance, prit ma valise, la mit dans un fiacre et dit au cocher : « Ce jeune garçon va chez son institutrice qui vous paiera ».

Je ressens encore aujourd'hui le bien-être qui m'envahit, bien assis sur la banquette de cuir. Le cheval dégageait une bonne odeur et le cocher s'émerveillait que je voyage seul à mon âge. Mademoiselle Alba m'ouvrit sa porte et ses bras. Elle paya la course et je me retrouvai dans une des chambres, où, bizarrement, mon armoire m'attendait (celle que je repeignis en mauve pour la chambre de Jérôme). Elle me rassura immédiatement en me disant que Papa avait téléphoné, qu'il me cherchait partout, mais qu'il finirait par venir ici. Il arriva en effet quelques minutes plus tard, fou d'inquiétude, puis très fier quand je lui racontai mes exploits.

Moins de dix jours après, toute la famille prit le train de nuit pour Annecy. Ce fut la nuit du pile ou face, celle de tous les dangers. Un contrôle, et nous aurions fini à Drancy. Il n'y en eut pas. Je me souviens de l'arrivée à la gare de bon matin. Il faisait un petit froid savoyard et les *barsaglieris* avec leurs chapeaux à plumes m'impressionnèrent beaucoup. Je voyais mes parents détendus et heureux et je me mis à rire. La zone Sud était derrière nous.

4

Zone italienne

Mai 1943 – mars 1944

Nous trouvâmes rapidement deux gîtes proches l'un de l'autre : Pépé, Mémé, tante Gi aménagèrent dans un tout petit pavillon situé au cœur de Saint-Jorioz à 8 km du centre d'Annecy ; Papa, Maman, Mamy, Danièle et moi au premier étage d'un grand chalet perdu en plein champ.

Je commençai immédiatement, avec quelques jours de retard, mon troisième trimestre de septième au lycée d'Annecy. Compte tenu des 15 km aller-retour, j'étais demi-pensionnaire. Quelle joie pour moi de pédaler matin et soir sur la route nationale pratiquement vide : seuls quelques voitures ou camions à gazogène y roulaient. La route bordait le lac sur presque tout le parcours, et j'avais tout le temps d'observer les variations de lumière, le sillage de quelques bateaux, et d'écouter le pépiement des oiseaux.

Je n'ai aucun souvenir de classe. A midi, je me rendais à contrecœur au réfectoire. L'intendant avait réussi à approvisionner plusieurs barils de choucroute, qu'il servait au moins trois fois par semaine sans aucun assaisonnement, et très très peu de charcuterie. Ce n'est qu'en 1946 que j'attrapai une indigestion avec une vraie choucroute !

Les cours du matin ou de l'après-midi n'étaient que des parenthèses obligatoires entre des immersions divines dans la nature.

Les week-ends, Papa m'apprenait à ramer et à nager. Je sus rapidement souquer comme un vieux marin. En revanche, j'avais peur de perdre pied dans l'eau et en laissais toujours traîner un par précaution quand Papa me tenait sous le dos pour faire la planche. Dany, elle aurait pu facilement flotter : elle avait un ventre dodu comme un ballon. Elle a dû le mettre en réserve, et me le refiler sur mes vieux jours !

Fin juillet, ce fut la moisson. Dany et moi, nous nous perchions au sommet d'une grande meule devant le chalet, et nous lancions des avions en papier qui volaient très bien. C'était l'œuvre d'un polytechnicien, Marcus, imprimeur éditeur, qui avait diversifié ses fabrications dans le jouet. Il vendait aussi des planches cartonnées permettant d'assembler sans colle les cathédrales de France. Je reçus pour mon anniversaire celles de Paris et de Reims, qui, terminées, eurent fière allure.

Je fis également mon premier camp de louveteaux, dans une grande prairie située pas très loin de Saint-Jorioz, puisque mes parents m'y rendirent visite, et firent quelques photos ; ma cheftaine était la nièce de tante Léa, Mlle Lajeunesse. Dans la journée, je passais tous les badges possibles, de menuisier à jardinier. Le soir, nous chantions autour d'un feu de bois, puis nous observions les étoiles. Plusieurs fois, nous entendîmes des escadrilles de bombardiers américains, les Liberators : volant très haut, en provenance d'Angleterre, ils allaient jeter leurs bombes en Italie.

En août, Annie Vormser, la cousine de Maman, vient camper avec son premier amour, Jean-Claude Pecker. Jean-Claude est le seul normalien à avoir passé l'oral du concours d'entrée avec l'étoile jaune cousue sur sa poitrine. Modestement, il prétend que cela contribua fort à son admission. Ce n'est pourtant pas l'étoile jaune qui fit de lui un des grands spécialistes d'une autre étoile beaucoup plus sympathique, notre cher soleil. À l'époque, il était divinement aveuglé par son soleil personnel, la douce Annie qu'il avait connue à Grenoble où elle faisait une licence de physique sous le faux nom de Verniset.

Ils avaient monté leur tente dans une prairie près du lac. Il n'y avait pas de double toit, et l'été était pluvieux. Ils se réchauffaient donc en faisant de grandes promenades à vélo et des randonnées en montagne. Ils décidèrent de monter à la Tournette avec les parents et de m'emmener. La Tournette culmine à 2.350 mètres sur la rive sud-est du lac. Son ascension est facile du côté Thônes, un peu plus ardue du côté du lac, que nous traversâmes jusqu'à Talloires, avec le bateau à roues qui fait la navette entre les différentes stations. La montée jusqu'au col de l'Aulp est facile. Au milieu de l'après midi, le contre-jour sur le lac et le château de Duingt était superbe. Entre le col et le refuge, il y a 350 mètres de dénivelée, avec quelques passages vertigineux qui ont nécessité la pose de mains courantes fixes et d'échelles de fer. En refaisant ce parcours avec Anne, en 1976, j'ai été très étonné que mes parents, et notamment Maman, peu sportive et craintive, se soient lancés avec moi dans cette excursion. Mais Jean-Claude, qui a dix ans de plus que moi, se comporta en grand frère. Encadré entre lui et mon père, je grimpai sans être impressionné par le vide. Et c'est fièrement que j'arrivai au refuge. Il ne devait pas y avoir grand monde, en tout cas pas cette animation que j'ai connue plus tard dans d'autres refuges vers trois heures du matin, lorsque les randonneurs se préparent pour arriver au sommet convoité au lever du soleil.

J'ai dû dormir comme du plomb : j'étais vif comme un cabri pour attaquer la montée finale. Arrivé au sommet, je pose pour la photo, coiffé de mon béret de louveteau qui ne quittait pas ma tête en montagne. Il faisait un temps merveilleux et la vue du massif du Mont-Blanc était superbe.

Cette promenade inoubliable marqua la fin de cette période de cinq mois, pendant laquelle nous fûmes en rémission presque paisible.

Le 8 septembre 43, l'armistice entre l'Italie et les alliés est signé par Badoglio. Les Allemands envahissent immédiatement la zone italienne, dans la nuit du 8 au 9 septembre. De durs combats opposent pour la première fois les troupes italiennes et allemandes. Un certain nombre de soldats italiens changent de camp : certains regagnent leur pays, avec l'aide des maquisards savoyards ; d'autres, restent en France pour lutter à nos côtés.

Les Allemands prennent position à Annecy : un de leur QG est situé à la sortie de la ville, dans un grand hôtel réquisitionné.

Il fallait réagir en fonction de cette nouvelle situation. Rassembler la famille dans un même lieu présentait certes le risque que nous soyons tous capturés. Mais les adultes évitaient ainsi des déplacements inutiles et dangereux.

Nous aménageâmes donc dans une grande maison, « Le clos savoyard », située à Sévrier, à 6 km du centre d'Annecy. Il y avait au rez-de-chaussée un grand living, la cuisine et une chambre ; à l'étage quatre chambres et une salle de bains. Dany dormait avec nos parents et moi avec ma tante. Le jardin devant la maison était vaste, avec de beaux arbres fruitiers dont des pommiers qui nous donnèrent des fruits jaunes et rouges au goût délicieux, légèrement acidulé. En traversant la route nationale, il fallait parcourir 300 mètres pour être au lac. Après la guerre, la maison fut vendue par son propriétaire et le jardin devint un terrain de camping.

La rentrée scolaire était proche. Mon père trouvait trop dangereux de m'inscrire au lycée. Il en parla avec M. Rosay, avec qui il avait noué des liens qui dépassèrent vite la simple sympathie. Notaire, M. Rosay avait un réseau important de relations. Il formait avec sa femme Yvette un couple vivant leur foi dans un engagement œcuménique total, alliant hauteur d'esprit et bonté du cœur. Sans leur aide courageuse, nous serions probablement partis en fumée, dans les cheminées des camps d'extermination.

M. Rosay s'entremît auprès du principal du collège Saint-Michel, le père Pluot, qui nous donna rendez-vous. Pendant le trajet, tout en pédalant, Papa me donna ma première leçon d'anglais.

Dès notre arrivée, nous fûmes introduits dans le bureau du principal. Il écouta attentivement ce que Papa lui raconta de notre famille et de notre vie. Il me posa quelques questions et mes réponses durent le satisfaire. « Je prends votre fils en sixième, dit-il. Qu'est-ce que ce garçon va prendre comme langue vivante ? » La réponse de Papa fusa : « Anglais, évidemment ! » Il y eut un petit silence, rompu par le principal : « Je comprends bien votre réaction, mais voyez-vous, nous allons gagner la guerre, c'est maintenant sûr ; il faudra inventer une nouvelle relation avec l'Allemagne. Ce n'est pas au fils d'un professeur d'allemand que je vais apprendre que la littérature germanique est superbe ; le musicien que vous êtes ne peut rejeter la pureté des lieder de Schubert, la foi profonde des Passions de Bach, l'universalité de Beethoven. Si vous pouvez surmonter votre haine pour le régime nazi que je partage (sachez que le collège abrite un certain nombre de professeurs en danger), faites faire à votre fils de l'allemand ; l'anglais est plus facile, il l'apprendra en deuxième langue. »

En quittant le collège, Papa et moi pédalâmes d'abord en silence, puis dans la partie plate qui longe le lac, je pris ma première leçon d'allemand.

Je sus plus tard que le principal avait spontanément proposé à mon père, si notre famille était capturée pendant mes heures de classe, de m'élever, sans me convertir bien entendu.

Le collège était pourtant dans le droit-fil des collèges religieux de l'époque. Et à la fin des quatre mois et demi que j'y passai, à raison d'une prière en début de cours, et d'une autre à la fin, j'étais trilingue français, allemand, latin en « Notre Père » et en « Je vous salue Marie », le latin étant prononcé avec les OU de la messe, et non les U de l'école publique.

L'automne finissait, les pommes étaient cueillies. Il y a une photo prise dans le verger où Émilie figure avec toute la famille. C'est la seule que j'ai retrouvée à ce jour. Elle avait quitté Grenoble et les Vormser pour venir nous aider. Le soir, elle nous racontait, à Danièle et à moi, des contes populaires. J'ai un très vague souvenir d'un Petit Poucet qui, avant de penser aux cailloux, avait essayé de marquer son chemin avec des haricots blancs, vite mangés par les animaux.

Nous aurions bien aimé, je pense, pouvoir semer des cailloux blancs pour retrouver la route de la paix et de la sécurité. Hélas, nous sentions tous la montée des périls. Les Allemands et surtout la milice vichyssoise, beaucoup plus féroce, traquaient les réfractaires au service du travail obligatoire (STO) et les résistants. Ils agissaient sur dénonciation ou sur indiscrétion, car les Savoyards courageux mais peu prudents parlaient trop à l'heure de l'apéritif. Lors de leurs perquisitions, il leur arrivait de tomber par hasard sur des juifs. Pas de quartier alors ! J'étais parfaitement conscient du danger. Je me souviens d'un dimanche où je refusais d'aller aux louveteaux ; pleurant, j'arrivais à murmurer « Si j'y vais, je ne vous retrouverai plus en revenant ! » Pépé et Papa cachaient leur inquiétude. Ils faisaient le plus souvent possible de la musique, à l'exaspération des femmes que l'angoisse rongeait.

Avec la venue de l'hiver, le couvre-feu tombait plus tôt. Un soir, Papa vint me prendre à la sortie du collège et me fit réciter mes leçons en pédalant. Nous en étions à l'allemand - j'apprenais à compter - quand nous passâmes devant la guérite du cantonnement allemand. Comme j'hésitais, je me fis souffler la bonne réponse par la sentinelle. Papa et moi pédalâmes quelques centaines de mètres en silence, avant d'éclater d'un rire nerveux.

Le 11 novembre, qui n'était plus férié, le dernier cours de la matinée se termina à 11 h 30. L'alerte avait retenti pendant que je terminais la descente vers le lac. En levant la tête, je vis les traînées blanches des bombardiers américains. J'appuyai plus fortement sur les pédales. J'arrivai à l'entrée d'un petit tunnel à l'aplomb du Semnoz quand la terre trembla. Les Américains visaient l'usine S. K. F. qui fabriquait des roulements à bille pour les tanks et véhicules blindés. Ils auraient dû savoir par la Résistance qu'il n'y avait pas de défense antiaérienne à Annecy et, en conséquence, ils auraient dû descendre plus bas pour être plus précis. Ils ratèrent l'usine et tuèrent onze civils. Il fallut attendre avril 44 pour que les Anglais reviennent la nuit, et après avoir largué des fusées éclairantes, pulvérisent à basse altitude l'usine sans faire aucune victime.

Noël était proche. Les premières neiges étaient tombées. Émilie m'emmena dans la forêt sur la pente du Semnoz et coupa un petit sapin. Sa bonne odeur de sève envahit le salon. Dans la nuit, le Père Noël qui ne renonçait pas malgré les pénuries à gâter les enfants, déposa quelques jouets en bois et en carton.

En janvier, les actions du maquis s'intensifièrent. Son chef, Tom Morel, était d'une audace folle. Le soir, je pensais et m'identifiais à lui. Je me voyais couvert de gloire, boutant les Allemands hors de la Haute-Savoie.

Les adultes, eux, savaient que le danger n'avait jamais été aussi grand pour nous et qu'il fallait réagir rapidement. Papa avait en effet reçu dans la troisième semaine de janvier une lettre d'Hutchinson qui le congédiait sur injonction du commissariat général aux questions juives. Le fait en soit était sans conséquence, mais la lettre était arrivée à notre adresse « Clos le savoyard - Sévrier près Annecy ». Cela voulait dire que notre domicile était connu des services de Vichy et que nous risquions grandement une descente de la police ou pire de la milice. La décision de passer en Suisse fut donc prise très rapidement. Il fallait se procurer de faux papiers, trouver un passeur, se disperser.

Il était évident que pour les adultes de la famille, il était indispensable d'avoir de faux papiers : se déplacer avec les cartes d'identité tamponnées en rouge d'un JUIF indélébile était désormais suicidaire. Un réseau travaillant à la préfecture de Haute-Savoie leur confectionna des vraies fausses cartes : même prénom, même date et lieu de naissance ; seul le nom changeait : les Wolff devinrent Wallon, les Bloch...Blanc.

Dans l'immédiat seuls mes grands-parents, Émilie, Dany et moi restèrent à Sévrier. Papa, Maman et tante Gi allèrent se cacher dans un chalet situé près d'Annemasse mis à leur disposition. Pas question de faire du feu, pas question de sortir du chalet après une chute de neige. Un voisin s'occupait du déneigement et du ravitaillement. Il fallait casser la glace du bac à eau pour se laver. Bien entendu dans ces conditions extrêmes aucun des trois reclus ne tomba malade.

Tante Gi eut une grande frayeur en rentrant de faire quelques emplettes. Elle fut arrêtée par une patrouille de gendarmes français. Le gradé examina la carte d'identité et avant de la lui rendre, lui posa quelques questions sur Château-Gontier : « Je veux bien croire que vous y êtes née ; j'y ai moi-même vécu ; il ne me semble pas me souvenir d'une famille Blanc ; ne traînez pas trop sur les routes, Mademoiselle, certains de mes collègues ne sont pas gentils du tout ! »

Je ne me souviens plus exactement quand je quittais Sévrier pour loger chez les Rosay dont la maison était très proche du collège. J'y restai jusqu'à notre avant-dernière nuit en France. Quelque temps avant, j'avais attrapé une angine ; couché dans la chambre de la fille aînée des Rosay, Janine, j'avalais avec une belle insouciance tous les Jules Verne qui étaient dans la bibliothèque.

Une fin d'après-midi - ce devait être le 3 mars - Maman arriva avec Émilie. Elles couchèrent sur des lits de camp dans ma chambre. Elles parlèrent sans précaution, croyant que je dormais. Maman expliquait comment nous allions passer en Suisse. Elle se disait confiante ; le seul danger était de tomber inopinément sur une patrouille allemande toujours accompagnée de chiens d'attaque.

Quand Maman me dit le lendemain que je partirai d'Annecy avec ma sœur et Émilie et qu'il faudrait me montrer obéissant et courageux, je ne montrai évidemment pas que j'avais tout entendu ; mais la peur me tenaillait.

Nous prîmes le car pour Annemasse avec Émilie en fin d'après-midi, et couchâmes à l'hôtel. Le lendemain, juste après la levée du couvre-feu, une voiture nous conduisit à la maison d'un garde-barrière de la ligne de chemin de fer Annemasse-Genève ; c'est lui qui allait nous conduire à la frontière. Pépé et Mémé arrivèrent en voiture, Mamy également ; Papa, Maman et tante Gi en vélo. Le regroupement familial effectué, nous partîmes sur un chemin sous couvert, perpendiculaire à la voie ferrée. Il y avait 200 m à faire. Nous allions en silence, Dany perché sur le dos de Papa, Mamy, qui marchait difficilement, au bras du passeur. J'étais mort de peur, à l'idée de ces chiens féroces qui pouvaient surgir à tout moment. Nous arrivâmes en vue des barbelés marquant la frontière. J'aperçus des uniformes verts et des casques allemands. Je poussai un cri vite arrêté par mon père qui me bâillonna : « Ce ne sont pas des Allemands, expliqua-il, ce sont des Suisses ; ils ont les mêmes équipements ». Arrivés aux barbelés, tout se passa très vite. Dany quitta les épaules de Papa pour celles d'un garde-frontière suisse. Tous les autres rampèrent plus ou moins vite sous le rang inférieur des barbelés, que d'autres soldats soulevèrent le plus possible.

Nous étions en Suisse : je ne verrai pas arriver les Allemands une quatrième fois.

5

La Suisse

Mars 1944 – octobre 1944

Nous fûmes amenés au poste frontière, tout proche. Là, après avoir décliné son identité, Pépé demanda à l'officier commandant le poste l'autorisation de téléphoner à un des membres de la branche suisse de sa famille, Gaston Brunschwig[7], qui acceptait de se porter caution

---

[7] Les Brunschwig sont originaires de Dürmenach, à 40 km de Bâle. En 1848, 60% des habitants de cette petite ville étaient juifs, dont le maire. Il y eut une jacquerie, sans mort d'homme, mais la synagogue fut brulée, ainsi que de nombreuses maisons habitées par les Juifs.
La conséquence fut un exode massif en Suisse, avec la création des communautés de la Chaux de Fond et de Porrentruy.
Salomon Brunschwig (1817-1901) quitta Dürmenach en 1862. Il avait 5 enfants, nés entre 1844 et 1854 : Benoît, deux jumeaux Rachel et Léopold, David et Sarah.
Rachel, mon arrière-grand-mère, avait épousé Marx Bloch. Leur fils aîné, Eugène (1873-1955) avait épousé sa cousine germaine, Blanche Weil (1877-1920), fille de Sara Brunschwig. Ma mère aimait beaucoup sa cousine Claire (1908-1982), fille de Benoît. Gaston (1881-1976), fils de David, nous a donné sa caution financière, dès qu'il a appris notre arrivée en Suisse.

pour nous. Celle-ci fut donnée, oralement d'abord, puis confirmée par écrit. Elle était capitale pour Papa, Maman et tante Gi, tous trois en âge de combattre. Sans elle, ils auraient couru le risque d'être refoulés en France. Mes grands-parents, Dany et moi, nous ne risquions rien, mais la caution allait nous permettre de ne rester que quelques jours au camp de transit où nous fûmes internés le soir même.

    Ce camp n'était pas différent de tous les camps similaires dans le monde, (je ne parle pas bien sûr des camps d'extermination) : les hommes d'une part, les enfants et les femmes d'autre part étaient logés dans des dortoirs séparés. Les litières étaient en paille, les sanitaires communautaires, et la cuisine à la limite de l'acceptable. De plus, le commandant du camp s'avéra être un peu antisémite.

    Les adultes valides étaient astreints aux corvées routinières. Pépé qui en tant que médecin n'avait pas fait ses classes en 1914, fut à 67 ans promu nettoyeur de chiottes. Dans la journée, quand il faisait beau, nous pouvions sortir sur le terrain central ; quand il pleuvait, l'espace était plutôt confiné. Les juifs échoués dans le camp venaient de tous les horizons. Ils parlaient allemand, yiddish, polonais, russe, et plus ou moins bien français. Ceux qui avaient le moins séjourné en France avaient besoin d'interprètes. Pépé et Papa arrivèrent même à engager des conversations intéressantes... en latin : merveilleux humanisme de ces générations ! Le gros sujet de friction était la nourriture, mauvaise et pas très abondante. Certains mangeaient avec réticence, pensant que la cacherout n'était pas respectée. Bref, c'était un camp d'internement et de transit. Au cas par cas, on en ressortait soit vers un autre camp, soit vers la liberté.

Mais même dans cette prison, nous nous sentions enfin en totale sécurité. Les nouvelles que nous reçûmes de France dans les jours qui suivirent nous confirmèrent que nous avions eu beaucoup de chance. La Haute-Savoie avait été déclarée en état de siège le 31 janvier, et à partir de février, les accrochages s'étaient multipliés entre les miliciens et les 450 maquisards retranchés autour du plateau des Glières, situé seulement à 30 km d'Annemasse. Mon héros, Tom Morel, fut tué au combat le 9 mars. À partir du 23 mars la Werhmacht, appuyée par l'aviation, élimina provisoirement toute résistance dans ce secteur.

Danièle et moi fûmes les premiers à être libérés,

109

deux ou trois jours après notre passage de la frontière. Un des patrons de Papa chez Hutchinson, Raymond Ducas, était arrivé à Genève bien avant nous, avec sa femme et ses trois filles, dont la plus jeune, Nathalie, avait un an de moins que moi. La famille Ducas habitait un bel immeuble rue Merle d'Aubigné, à deux pas du lac, et proposa de nous héberger aussi longtemps qu'il le faudrait. Mes grands-parents restèrent sept jours de plus au camp, puis trouvèrent une petite pension de famille au centre du vieux Genève, rue Sènebier. Papa, Maman, tante Gi furent transférés dans un autre camp sur les hauteurs de Lausanne où la vie fut moins carcérale. Ils ne furent libérés que mi-avril.

Avant de gagner Lausanne, ils eurent droit à une permission de week-end et nous fûmes tous rassemblés autour de la grande table de la pension de famille. Au dessert, il y eut de la rhubarbe nappée de chocolat. Je lapai le chocolat et refusai catégoriquement de manger la rhubarbe. Ce qui me valut une bonne gifle de mon père. Je comprends parfaitement sa réaction épidermique, lui qui avait perdu quarante kilos en quatre ans et dont l'ordinaire dans le camp suisse était exécrable. Mais je persiste encore aujourd'hui à penser que chocolat et rhubarbe ne font pas bon ménage. Il a fallu qu'Anne me prépare de la rhubarbe à la berrichonne, juteuse et sucrée comme il faut, pour que je me réconcilie avec ce dessert.

Je ne restai que quelques jours chez les Ducas. La famille suisse proposait de m'accueillir à Bâle. Je ne vais pas faire la généalogie complète des Brunschwig. Disons seulement que mon arrière-grand-mère Rachel, la mère de Pépé, avait trois frères dont un jumeau, et une sœur. Le frère aîné, Benoît, avait eu six petits-enfants, dont Claire Levy Mayer, qui était très amie avec Maman. Un autre frère, David, avait eu un fils, Gaston, que Pépé aimait beaucoup.

Ce fut lui qui vînt me chercher. Mais c'est Claire qui allait m'héberger. Elle avait fait de nombreux séjours en France, avait épousé un gynécologue parisien réputé dont elle avait eu deux enfants, Béatrice, dite Putzi, qui avait mon âge, et François un peu plus vieux que Danièle. Claire qui possédait la double nationalité, avait quitté la France facilement, et abandonné sans regret un mari qui la trompait outrageusement. (Il ne faisait pas sienne cette définition un peu osée du gynécologue : « C'est un homme qui travaille là où les autres ont du plaisir »). Claire était une belle femme, intelligente, volontaire et musicienne - sans être professionnelle, elle n'hésitait pas à donner des concerts au profit d'œuvres de charité -. Elle eût besoin pour ses deux enfants d'un pédiatre, choisit le meilleur de Bâle. Il devint son amant puis son deuxième mari. Adolf Hottinger était un humaniste charmeur, féru d'art et collectionneur dans l'âme. Claire et lui formèrent un couple merveilleux que j'eus l'occasion de fréquenter lorsque je fis mes études à Zurich.

  Dès mon arrivée à Bâle, le 2 avril, j'écrivis immédiatement à mes chers internés : « *J'espère que vous allez bien et que vous êtes mieux dans ce camp. J'ai reçu avec beaucoup de plaisir votre lettre qui est arrivée hier matin. Bâle est une très jolie ville. Les tramways ne sont pas comme à Genève ou à Toulouse. Ils ressemblent à des trains électriques et sont de couleur haricot. Hier on a été se promener dans les bois et j'ai vu l'Allemagne et les Allemands. Les barbelés sont bien plus hauts que ceux qu'on a passés, environ de 2,50 m et il y a trois rangées. Il y a eu une alerte à 11 heures. J'ai vu aussi le Rhin. Béatrice a beaucoup de livres. Si les malles arrivent, ne m'en envoyez pas. Je m'entends très bien avec elle et Claire est très gentille avec moi. François est un grand et gros patapouf du genre de Danièle. Il a quand même moins de ventre.*

Aujourd'hui je vais aller voir le jardin zoologique. Il paraît qu'il est aussi grand que celui de Paris. Mon voyage s'est très bien passé. Le paysage est magnifique. Nous avons passé un tunnel sous le Jura, on est resté 10 minutes dedans. D'un côté il faisait beau, de l'autre il pleuvait. Je vous embrasse tous très fort. Gilbert. »

Quelques jours après cette lettre, mes parents obtinrent leurs livrets de réfugiés et la permission de s'installer dans le canton de Genève. Ils habitèrent d'abord la pension de la rue Sénebier, en attendant de trouver, à la mi-mai un appartement, où je les rejoignis.

Le 5 mai, Dany avait fêté ses cinq ans, en étant gourmande comme d'habitude : sur le marché, une marchande, séduite par ses bonnes joues, lui offrit une banane, où elle planta ses dents sans laisser à Maman le temps de l'éplucher. Il fallut expliquer à la marchande que Dany était une petite réfugiée et qu'elle voyait ce fruit exotique pour la première fois. Toute émue, la marchande offrit alors une deuxième banane.

L'appartement que Pépé avait trouvé était situé juste au-dessus de l'appartement des Ducas, rue Merle d'Aubigné. Il était idéalement placé : en sortant de l'immeuble à gauche, l'arrêt de tram était à 100 mètres ; en partant à droite, on arrivait au lac que l'on pouvait longer pendant 2 km jusqu'au pont du Mont-Blanc. Il y avait aussi à proximité un superbe parc, le parc La Grange qui allait jouer un grand rôle dans ma vie pendant les cinq mois qui suivirent.

Si la famille avait pu se loger, et vivre si bourgeoisement, c'est grâce à la prévoyance de Pépé. Après l'avènement d'Hitler, il avait jugé utile d'ouvrir un compte dans une banque de Bâle, compte qui était géré par un des cousins suisses.

Il faisait beau à Genève, en mai 44. Mais pour moi c'était la fin des vacances. Je devais reprendre le chemin de l'école, obligatoire en Suisse comme en France. J'entrai donc, non en sixième mais en huitième. À Genève, l'âge c'est l'âge, il n'y a pas de dispense ! Je m'ennuyai donc ferme et par dépit, décidai d'en faire le minimum, même dans les matières qui auraient pu me permettre de mieux m'intégrer : histoire et géographie de la Suisse, instruction civique.

Toutefois, je ne pense pas que l'instruction civique m'aurait mis à l'abri du délit que je commis involontairement, justement avec un de mes camarades d'école.

Nous avions été au parc La Grange, qui est traversé par un petit ruisseau. Nous aperçûmes des écrevisses, crustacés dont j'ignorais l'existence. Mon copain me montra comment les attraper. Nous en avions déjà sorti de l'eau une bonne dizaine quand une poigne vigoureuse nous saisit. Un des gardes du parc nous fit remettre notre pêche à l'eau, et releva nos identités. Quelques jours plus tard, nous fûmes convoqués avec nos parents devant le juge pour enfants, où nous plaidâmes notre ignorance. L'affaire n'eut pas de suite. J'étais si « innocent » que je ne me souviens même pas d'avoir été puni par mes parents.

 Avec la seule école suisse, j'étais condamné à refaire une sixième complète, à mon retour en France. Mes parents décidèrent de relever le défi. J'eus six professeurs dont certains polyvalents. Papa me fit travailler les maths et le latin ; Maman, Mémé, Mamy et tante Gi le français et l'histoire ; Pépé, les sciences naturelles, l'allemand et la géographie. Les devoirs étaient faits dans l'appartement, mais les cours avaient souvent lieu, quand il faisait beau, au parc La Grange. Chaque professeur choisissait son arbre, son banc ou sa pelouse. Je me souviens surtout des leçons de latin. Papa pensait que le latin devait s'enseigner comme une langue vivante. Jusqu'à la génération précédente, cela avait été le cas. Pépé et Papy discouraient en latin ; Papa, déjà moins performant, faisait des versions et des thèmes sans dictionnaire. Il voulait que j'en sois moi-même capable et inventa une méthode qu'il eut l'intention de publier jusqu'à sa mort. Pour bien parler, professait-t-il, il fallait avoir acquis les automatismes de la grammaire. D'une manière très ludique, nous chronométrions la récitation des déclinaisons et des conjugaisons. « *Rosa, rosa, rosam, rosae, rosae, rosa* », et bien d'autres, sont gravés à jamais dans ma mémoire.

Le 6 juin, nous apprîmes avec une joie intense le débarquement allié en Normandie. Dans une chambre on afficha une grande carte sur lequel nous piquâmes des punaises de couleurs différentes pour indiquer les positions des forces en présence.

Après quelques jours pluvieux (le débarquement avait failli être repoussé à cause de la mauvaise météo), nous profitâmes enfin du lac. Il fallait une demi-heure de tram pour accéder à la grande plage située sur la rive côté Lausanne, à la hauteur du palais de la SDN (Société Des Nations), ancêtre de l'ONU. J'appris enfin vraiment à nager, en indienne, nage moins pratiquée que la brasse, mais permettant d'aller plus vite et plus loin sans fatigue. J'aimais aussi la nage sur le dos et la planche. Quel délice de respirer calmement, remuant faiblement les pieds ou les mains, regardant les nuages au-dessus du col de la Faucille.

Un jour, en rentrant de la plage, je vis au bord du lac un gamin de mon âge qui jouait avec un modèle réduit de voilier plus grand que lui. Subjugué, je suivais les belles voiles rouges qui se gonflaient sous une légère brise. Une barre automatique du genre de celle utilisée par le célèbre navigateur solitaire Alain Gerbault, permettait au bateau d'adapter son allure en fonction de la direction du vent. Ma décision fut prise : je construirai un voilier similaire dès que j'en serai capable. Ce fut en 1948 que j'installai mon atelier dans la remise de la maison de Cabourg que nous occupions cet été là. À la fin des vacances, « l'Indomptable » fut mis à l'eau pour la première fois.

Je découvris aussi, toujours au bord du lac, la musique symphonique. Près du pont du Mont-Blanc, il y avait un kiosque et l'orchestre de la Suisse romande, dirigé par Ansermet, y donnait régulièrement des concerts. Je me souviens tout particulièrement d'une fin d'après-midi où, arrivant en retard et entendant l'œuvre qui était jouée, je dis à mon père « Mais c'est *Peer Gynt* ! » Surprise et bonheur de mon père qui me félicita chaudement.

En France, les opérations évoluaient favorablement. Nous suivîmes la percée de Falaise, le débarquement des forces françaises sur la Côte d'Azur. Le 16 août, neuf jours avant Paris, Évian fut libéré par les FFI (Forces Françaises de l'Intérieur).

Quelques jours après, nous embarquâmes sur le bateau à aubes qui faisait normalement le tour du lac. Pour la première fois depuis le début de la guerre, il s'approcha de l'appontement d'Evian. Drapeau à toutes les fenêtres, foule en liesse, 11 CV Citroën noires avec le sigle FFI blanc, quelle émotion ! Nous n'étions pas encore rentrés chez nous, mais nous n'étions déjà plus tout à fait en Suisse.

6

Retour en France
Octobre 1944 – avril 1945

Nous passâmes la frontière au poste de Moillesulaz le 20 octobre. Les laissez-passer étaient nominatifs. Même Dany avait le sien. Je ne sais pas ce que ressentirent mes parents. De la joie certes, celle d'être vivants et libres. Mais probablement aussi la prescience que plus rien ne serait comme avant. Les traumatismes ne s'arrêtent pas avec les chocs qui les provoquent. Comment se sentir français comme avant, alors qu'on a été exclu de la communauté nationale ? Papa avait envisagé un moment à Genève de rejoindre l'armée de la libération : il y renonça. Pépé à 67 ans aurait pu reprendre ce métier qui l'avait tant passionné : il ne rouvrit pas son cabinet. Mes parents avaient souhaité un troisième enfant : ils ne le mirent pas en route. Moi, je ne sais pas, soixante-trois ans plus tard, ce qu'auraient été mon comportement, mon caractère, sans ces quatre années, où je ne fus qu'un gosse pourchassé et lucide. Aurais-je été moins susceptible, moins écorché vif, moins assoiffé de justice et d'amour ? Mes parents ne m'ont-ils pas, plus ou moins consciemment et par compensation, laissé m'attarder dans une adolescence un peu trop immature ?

A Annecy, nous réintégrâmes vraisemblablement la maison de Sevrier. Je n'ai en effet aucun souvenir d'une autre résidence. Papa prit rendez-vous immédiatement avec le proviseur du lycée pour m'inscrire en cinquième. L'entretien faillit mal se passer : un trimestre chez les pères, un demi-trimestre chez les Suisses et le reste en famille (Papa omit de mentionner le parc La Grange comme lieu de scolarité), cela ne faisait pas sérieux : le proviseur pensa que le redoublement de la sixième, classe si importante, était indispensable. Papa suggéra un essai d'un trimestre en cinquième que le proviseur accepta. Mes parents me demandèrent de faire le maximum, ce que je fis. Les premières compositions furent excellentes, notamment en latin, français et maths. J'aurais dû décerner un diplôme d'enseignement *honoris causa* à toute la famille !

Une seule anicroche pendant ce trimestre : je reçus ma première colle. J'avais comme professeur de français un homme dont la résistance face à l'ennemi avait été, disons, très brève. Il avait changé de camp à la dernière minute, d'où le surnom de « caméléon » que ses collègues, et évidemment les élèves lui avaient attribué. Il ne le savait évidemment pas ! Quant à moi, j'ignorais tout du caméléon. Un jour pendant la classe, notre prof partit dans un discours très moralisateur qu'il acheva en ces termes : « Je ne suis pas comme ces caméléons qui... ». Rires généralisés, masqués prudemment par des mains placées en écran, par des plongées derrière les pupitres. Je fus le seul à rire à découvert et à être puni. Mortifié, je pédalai à toute vitesse vers la maison pour déjeuner et me faire consoler. Mémé me demanda : « Tu sais au moins ce qu'est un caméléon » et moi, fou de rage : « Oui, une espèce de vache ! »

Papa rentra à Paris et reprit son travail chez Hutchinson : le licenciement forcé qu'il avait reçu était évidemment nul et non avenu dans notre République toute neuve. Pépé, Mémé et tante Gi rentrèrent également. La chance avait voulu que les scellés apposés sur la porte d'entrée du 7, rue Cardinet n'aient pas été rompus. Meubles, tableaux, piano, livres, papiers de famille étaient poussiéreux, mais en place. Il fut convenu que je terminerai mon trimestre à Annecy, avant de regagner à mon tour la capitale.

Dès les vacances de fin d'année, laissant Maman, Mamy et Dany à Annecy, je fus mis dans le train de nuit et confié à une voisine de compartiment. Il faisait froid, le train datait de Mathusalem, la loco puait le charbon de mauvaise qualité, les arrêts en rase campagne étaient fréquents. Occasion pour ma voisine de raconter sa vie à qui voulait l'entendre. Elle s'appesantit sur les supplices endurés par sa mère, opérée trop tard d'une occlusion intestinale. J'avais appris pendant cinq ans qu'on pouvait mourir d'être juif. J'appris cette nuit qu'on pouvait aussi mourir de maladie. Longtemps après, je fis des cauchemars d'occlusions récurrentes.

En fin de nuit, je mis le pied gare de Lyon où Papa m'attendait et découvris le métro qui me fascina immédiatement par tous ses aspects : ce maillage souterrain représenté sur les grands plans en couleurs, ces escaliers interminables, cette odeur si spécifique, le bruit des rames qui se croisent dans les tunnels, les poinçonneurs, et les portes à fermeture automatique.

A Paris, en cette fin d'année, le moral était bas ; non seulement il faisait froid, mais surtout les nouvelles du front étaient préoccupantes : les Allemands contre-attaquaient en Hollande, du côté de Bastogne ; et en Alsace où Strasbourg, libérée le 23 novembre par Leclerc, était de nouveau menacée. De Gaulle et Leclerc refusèrent d'abandonner la ville, mais il fallut attendre la mi-janvier pour que le danger soit définitivement écarté.

La rentrée des classes était proche. J'étais inscrit au lycée Carnot, grand édifice en brique qui se distingue uniquement d'une prison parce qu'on en sort en fin de matinée et d'après-midi. Autour des cours intérieures, il y a deux étages de classe, reliés par des escaliers de fer. Je pris très rapidement ce lieu en horreur. J'avais quand même des points de comparaison nombreux, puisque c'était le douzième établissement scolaire que je fréquentais depuis ma maternelle.

Arrivant au deuxième trimestre, j'eus évidemment du mal à me faire des camarades. L'un d'eux, coreligionnaire, m'invita un jeudi chez lui, avenue Hoche. Je lui rendis son invitation et lui montrai fièrement la collection de timbres que j'avais commencée. Il me proposa des échanges. Ma collection fut amputée très rapidement des quelques spécimens qui pouvaient avoir de la valeur. Il s'y connaissait, lui, le coquin ! Exit le camarade, et fin de mon esprit de collectionneur !

En janvier, la température dégringola encore. À Annecy, il était apparemment plus facile de se chauffer à la pension où Maman, Mamy et Dany habitaient maintenant. Dany avait pris froid, ce qui retarda le retour du trio. Je pris donc ma plume pour leur donner des nouvelles :

« Mes chers tous

J'espère que vous allez bien. Moi, aujourd'hui, toussant légèrement, je suis resté au lit jusqu'à 5 h 30 parce que l'électricité est interrompue à 8 h 30 et ne revient qu'à 5 h 30. Le lit est le seul endroit où il fait chaud. Pépé a pu me faire avoir 25 kilos de charbon en disant que j'étais malade. Mémé a eu quelques fagots de bois. Samedi, j'ai été au cinéma Paramount voir « Les Voyages de Gulliver » et le samedi d'avant « La Ruée vers l'or » avec Charlot. Les « Voyages de Gulliver » auraient plu à ma petite Dany et Charlot aussi quand il mange son soulier.

J'ai déjà fait la composition de géo et d'histoire. Mes premières notes de leçons sont 16, 20, 16, 14. Je vous charge de faire mes amitiés à toute la pension.

Je vous embrasse fort. Votre Gilou. »

Au verso de cette lettre, tante Gi avait ajouté quelques lignes : *« Je vous écris dans le bureau chauffé depuis trois heures par le radiateur, et où il règne la haute température de 8°, ce qui est un succès ! Maman et Papa ne sont pas enrhumés. Touchons du bois (sans jeu de mots). Je n'ai toujours pas d'occupation, à part la charge du ravitaillement. Nous avons mangé la semaine dernière de la viande de cheval délicieuse. On m'a promis (Alain K, l'ami de Suzanne qui est rentré) de me faire engager là où il travaille, soit dans le service juridique, soit dans un service d'interprètes. Mais c'est encore la peau de l'ours et je ne la vends pas. »*

Suivent quelques nouvelles d'amis et de relations désignés par leurs initiales. Tante Gi n'a manifestement pas renoncé aux mesures de prudence.

En mars, les exilées savoyardes rentrèrent, car Papa avait trouvé un petit appartement dans le quartier juif, rue de Saintonge. Mais il était trop petit pour m'accueillir, et surtout trop loin du lycée Carnot. Danièle entra en maternelle à l'école du quartier et ne tarda pas à attraper des poux. À cette époque, c'était presque le déshonneur.

Quant à moi, je choppai une rougeole carabinée. Maman vînt m'entrapercevoir au seuil de ma chambre, ce qui fut suffisant pour que je la contamine, « réussissant » là où tante Gi avait heureusement échoué en juillet 40.

Les fratries de mes grands-parents, et leurs familles, étaient toutes rentrées à Paris. Manquait à l'appel Raymond, le fils du frère aîné de Pépé, Eugène. Il avait passé presque toute la guerre à Paris. Marié à une catholique, couturière, qui avait pu assumer les besoins du ménage, il avait fait le gros dos jusqu'à fin 43, où il avait décidé de passer en zone Sud et de se retirer dans une maison que sa femme possédait près de Limoges, dans un petit village nommé Les Cars. C'est là qu'il fut pris en otage par les Allemands le 11 juillet 1944 avec deux autres hommes du hameau. Ils furent fusillés quelques kilomètres plus loin, en représailles d'une attaque de résistants. Parfois on n'échappe pas à son destin !

Pendant ce premier trimestre, je fus souvent invité par mes grands-oncles et tantes. Du côté maternel, aucun n'avait encore de petits-enfants. J'étais donc le petit roi. Aller chez les Vormser, rue de Lisbonne, était aussi une occasion de revoir ma chère Émilie. Je voyais également avec plaisir oncle Yvan et tante Margot. Oncle Yvan avait redémarré son atelier de confection de cravates, 39 rue Réaumur, et me le fit visiter. Je fus impressionné par la diversité des coupons de tissus, si riches en couleurs.

Mais mes préférés étaient tante Madeleine et oncle Émile. Ils habitaient dans l'appartement qu'occupent aujourd'hui Jacques et Ginette, 92 bd Pereire, dans un immeuble qui leur appartenait complètement. C'est d'ailleurs pourquoi leur petit-fils Jean-Pierre a pu réunir toutes les chambres de bonne pour en faire un immense loft avec des fenêtres aux quatre points cardinaux de Paris, et un solarium installé plein sud sur les ardoises du toit. Endroit idéal pour voir les feux d'artifice du 14 juillet.

Oncle Émile, qui était expert auprès des tribunaux, travaillait sans relâche - il n'aimait pas les voyages - dans un bureau dont on ne voyait plus les murs : les dossiers s'empilaient sur des étagères qui montaient jusqu'au plafond. « Tonton pipe » fumait un excellent tabac qui renforçait la magie du lieu. Après le déjeuner, bon et copieux, nous allions avec tante Madeleine au Paramount, la plus grande salle de cinéma d'Europe, construite en 1927. Il y avait un orgue électrique, et on donnait souvent en première partie un spectacle de cirque. Je me souviens d'un voltigeur qui volait de trapèze en trapèze. Il n'y avait pas de filet de protection à l'époque, j'avais très peur qu'il tombe. Dans cette salle je vis la plupart des dessins animés de Disney, et quelques Charlot. Parfois, je rentrais rue Cardinet avec un jouet ou un jeu de société toujours très bien choisi.

J'aimais moins aller chez tante Blanche, rue de la Pompe : ses deux fils, André et Pierre, semblaient aussi tristes qu'elle.

Du côté paternel, je ne me souviens à cette époque que de tante Mimi, rongée par des rhumatismes déformants, et cloîtrée dans son appartement rue Boissière. Mamy qui ne pouvait plus prendre le métro, m'emmena la voir en taxi, un de ces fameux G7 dont le compteur me fascina.

Le deuxième trimestre scolaire s'achevait. Il avait été médiocre, comme le résume l'observation générale de mon bulletin : « Peut obtenir de bons résultats ». J'en avais pourtant eu un de surprenant. Paresseux, je n'apprenais pas toujours mes récitations. Un jour, je fus interrogé et je récitai avec aplomb tout un long poème alors que nous n'avions à en apprendre que la moitié. Le professeur ne m'interrompit pas, et avec humour me dit : « M. Wolff, je vois que vous avez fait un effort ; je vous mets 21/20, cela vous fera une petite avance pour la prochaine fois ». La vérité est que je feignais d'aimer Paris mais que je regrettais la Savoie. En témoigne un brouillon de rédaction que Maman a gardé :

« Pensées d'autrefois.

Il était autrefois sur une grande route un petit garçon aux yeux bleus, aux longues boucles, qui s'en allait à l'école bien droit sur sa vieille bicyclette. Il y avait aussi un lac dont les vagues les jours de colère allaient se briser en écume sur les rochers et les débarcadères ; il y avait la montagne toute proche et imposante à la fois, les bois de pins odorants, les champs verts et fleuris, les barques vives ; et surtout une maison bien propre, assise coquettement sur une petite colline avec une cheminée d'où la grise fumée appelait de loin quand il fallait dîner. Le petit garçon, c'était moi !

Hélas ! Où sont ces temps où je courais la campagne ou le lac ou les prairies verdoyantes. Hélas ! Qu'est devenue ma jolie maison savoyarde ?

Maintenant je suis à Paris dans une maison sombre et je regrette chaque jour mon pays adoptif. C'est cela Paris, tant chanté par les poètes ? Certes il y a des parcs, des bois, des théâtres, des cinémas. Mais partout : « Défense de ceci - défense de cela ». On n'a rien le droit de faire. Je sens sur mes épaules un joug lourd, lourd. Hélas ! Où est ma liberté ? Et je ressens comme un besoin d'aller là-bas. Je me sens attiré par la Savoie comme une mère qui voudrait revoir son enfant avant de mourir. Tout m'appelle, et quand je revois devant moi les temps passés, mon cœur tressaille.

Et pourtant, Paris me prend, me tient, ne me laisse pas partir, m'attire. Que faire… ? Je ne sais pas… »

7
Fin de guerre

avril 1945 - août 1945

Le 2 avril 1945 fut jour de fête : pour la première fois depuis le 14 juillet 1939, j'assistai à un défilé militaire : le général De Gaulle remettait à la ville de Paris la croix de Compagnon de la Libération. Papa avait eu des places dans l'enceinte officielle, sur la place de la Concorde. La liesse de la foule pouvait faire croire que la guerre était finie, mais les Allemands défendaient toujours leur territoire avec courage. Il fallut attendre encore un mois pour que la reddition sans conditions soit signée, le 7 mai, à Reims par le général Jodl, en présence des représentants des quatre nations alliées. Hitler s'était suicidé huit jours avant !

La France était exsangue, affamée ; ses moyens de communication et de production étaient en grande partie détruits ; 2 millions de prisonniers de guerre allaient devoir se réadapter à la vie civile après cinq ans de captivité. Les camps de concentration livraient leurs horribles secrets, et les familles de déportés vivaient dans une attente insupportable qui, pour la plupart d'entre elles, ne prendrait jamais fin. Sur les 120.000 juifs capturés en France puis déportés, seulement 3.000 revinrent ; sur les 110.000 résistants déportés, seulement 45.000.

Mes parents essayèrent de ne pas me traumatiser avec l'holocauste. Je connaissais l'essentiel, je ne cherchais pas à en savoir davantage. Ce n'est qu'à la sortie du film de Resnais, *Nuit et Brouillard*, en 1956, que je réalisai visuellement à quoi nous avions échappé.

Papa eut une chance extraordinaire de pouvoir se projeter dans l'avenir. Il fut choisi par le syndicat du caoutchouc pour une mission de six mois aux États-Unis. Il fallait assurer l'approvisionnement du caoutchouc nécessaire à la France ; et surtout faire le point sur les progrès réalisés en cinq ans dans les procédés de fabrication et préconiser les achats de matériels performants et adaptés. Papa avait beaucoup hésité à partir pour si longtemps, compte tenu de l'état de Mamy. Mais celle-ci l'avait poussé à accepter, sachant que Maman lui apporterait toute son aide dans son dur combat.

Fin juin, la direction de la coordination industrielle demanda au secrétaire d'ambassade des États-Unis à Paris de faciliter l'acheminement par avion de Papa et d'un de ses collègues.

Avant de partir, Papa donna à Maman une procuration générale pour gérer et administrer les biens de la famille, ajoutant à la fin du formulaire légal la phrase manuscrite suivante : « *J'entends donner à cette procuration le caractère le plus large, afin de permettre à ma femme de se substituer à moi en toutes circonstances. Je lui donne en outre mon autorisation maritale pour toute opération qu'elle aurait à faire en mon nom personnel, en tant que séparée de bion.* » La signature était précédée de la mention : « *Bon pour pouvoir et autorisation maritale.* » En avril 45, les femmes françaises avaient voté pour la première fois aux élections municipales, mais le chemin pour leur émancipation complète allait prendre encore quelques années.

Papa s'envola d'Orly le 12 juillet. Maman, Dany et moi avions eu l'autorisation de l'accompagner au camp d'aviation, qui servait aux Américains de base pour leur trafic aérien. La piste se composait de plaques de tôle alvéolées, mises bout à bout ; les bâtiments, provisoires,

133

étaient un assemblage de modules préfabriqués. Nous pûmes assister aux exercices de gonflage d'un dinghy, petit esquif jaune qui avait sauvé la vie de bien des gens lors d'amerrissage forcé. Puis nous accompagnâmes Papa sur le tarmac jusqu'à l'avion, un C47 qui mettait 12 heures pour traverser l'Atlantique, avec escale à Terre-Neuve.

Début août, je partis faire un camp de louveteaux en Auvergne. Le temps fut fabuleux, et les nuits somptueuses : du côté des Perséides, c'était un vrai feu d'artifice ; je n'ai jamais revu autant d'étoiles filantes depuis.

Au retour, j'appris le largage de deux bombes atomiques sur le Japon et la fin de la guerre. Il y avait eu des grands titres dans les journaux et des photos. Mais, pour la plupart des Français, la guerre s'était terminée le 7 mai. Il n'y avait pas eu l'explosion de joie et l'orgueil de la victoire que mes parents avaient connus en 1918. Pour avoir presque unanimement pensé que la Première Guerre mondiale était la *der des ders*, les Français avaient majoritairement refusé de voir la montée des périls qui précéda la Seconde. Nous nous étions effondrés en 1940, et sans De Gaulle, nous n'aurions pas fait partie des signataires de l'acte de fin de guerre.

À une époque où les médias avaient un bien moins grand impact sur les foules qu'aujourd'hui, la destruction d'Hiroshima et de Nagasaki par l'atome ne fut pas immédiatement perçue par la grande masse des citoyens comme le début d'une ère où le danger d'une destruction planétaire serait permanent.

Mais très rapidement, avec les photos dans la presse et les films aux actualités cinématographiques sur les essais nucléaires qui se succédèrent à l'air libre jusqu'en 1963 (il y en a eu plus de 500), les champignons vénéneux qui s'épanouissaient jusqu'en haute altitude commencèrent à hanter les esprits. Je n'ai pas échappé à cette prise de conscience : pendant longtemps mon cauchemar récurrent a été l'Explosion ultime.

Il m'est difficile après 63 ans de me rappeler exactement quelle était ma perception du monde en 1945. Elle était, je crois, avant tout manichéenne. Nous étions du côté des gentils, et les méchants avaient perdu ! Essayons d'être un peu moins simpliste. Mais avant, il me faut raconter un événement tragique et une histoire comique, qui me marquèrent profondément tous deux.

Commençons par le comique. L'une des relations de Mémé avait assisté à la venue de De Gaulle à Notre-Dame, le 26 Août 44. À sa voisine qui s'était pâmée : « *Quelle foule ! Quelle ferveur ! Il y a longtemps que je n'avais pas vécu cela !* », la dame avait rétorqué : « *Mais ma chère, c'était exactement comme il y a quatre mois ! Rappelez-vous la messe avec Pétain. Quelle foule ! Quelle ferveur ! Et vous y étiez avec moi !* »

Venons-en au tragique. Fin 1944, Papa reçut une lettre de Jean Pardies. Je ne l'ai pas retrouvée, mais j'en connais la teneur. « Je *sais que ce que mon père a commis est horrible, écrivait Jean, mais c'est mon père, je dois essayer de le sauver malgré tout* ». Le père Pardies avait avec son voisin des querelles de clôture, comme en ont souvent les paysans. Le voisin était passeur. Le père Pardies le dénonça. Il fut pris avec les fugitifs qu'il conduisait en Espagne et fusillé. À la Libération, le père Pardies fut arrêté et il risquait, à l'issue de son procès, d'être à son tour passé par les armes. Jean demandait à Papa s'il accepterait de donner son témoignage sur l'aide que son père nous avait spontanément apportée, nous juifs pourchassés. Papa accepta ; le père Pardies fut condamné à mort, mais sa peine fut commuée en détention perpétuelle.

La nature humaine est vraiment complexe, capable du pire et heureusement du meilleur. Je l'avais observée avec une acuité aiguisée par le danger. Sans peut-être me l'exprimer aussi clairement qu'aujourd'hui :

- Je savais avec certitude que des gens apparemment normaux pouvaient, quand tous les garde-fous qu'une société normale a édifiés sont tombés, commettre des actes monstrueux.

- Je savais qu'une minorité de gens était sectaire et dangereuse, d'une manière irrécupérable.

- Je savais qu'une autre minorité de gens était capable d'altruisme, de générosité et de courage.

- Je savais que tous les autres, ceux qu'on appelle la majorité silencieuse, étaient influençables, crédules et versatiles.

Je croyais également à la chance et au destin.

Si mes parents et grands-parents n'avaient pas aidé la chance en prenant les bonnes décisions aux bons moments, la famille aurait disparu.

Si, à Toulouse, j'avais été recueilli par Mlle Alba, elle

m'aurait probablement éduqué avec sa sévérité aimante d'institutrice et sa foi de communiste croyant en un monde meilleur.

Si, à Annecy, j'avais été élevé par le principal du collège, M. Pluot, je n'ai pas la présomption de penser que j'aurais été archevêque de Paris à la place de Mgr Lustinger, mais ma vie aurait pris une tout autre tournure.

Heureusement, nous avons tous survécu. Mes parents m'ont appris la tolérance, mais aussi la nécessité de tracer, d'une manière invisible mais nette, la frontière entre ce qu'on accepte et ce qu'on ne peut accepter, fût-ce au péril de sa vie. Je n'ai jamais tendu la joue gauche quand on me frappait la joue droite. J'ai essayé de vivre debout.

1933 - 1934
Le bonheur d'être bébé

Eugénie Vormser

Rebecca Bloch

Jacqueline W, Maurice B, Jeanne B, Jeanne W

1936 -1939
3 ans d'enfance sans histoire (s)

Mamy, Pépé, Mémé, Eugénie Vormser

Alain et Didier Leray

Papy.

Rosine, mon amie de berceau

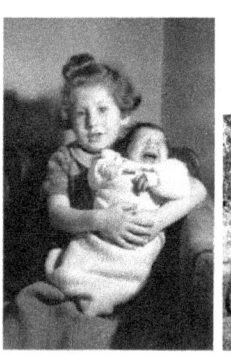

1939 - 1940
La "drôle de guerre" de papa et de pépé

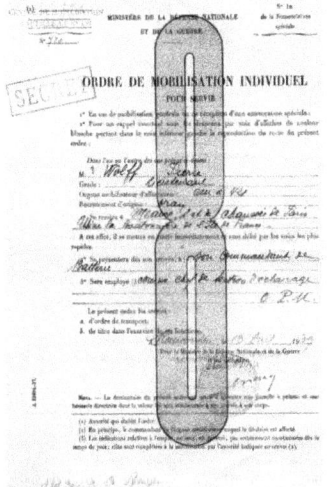

Un beau projecteur, mais pas de canon !

Une nuit harassante de chirurgie
et la 11 CV en miettes.

Janvier 1940 La Baule
Les permissionnaires

Max, Simone, Annie, Nicole Vormser

Initiation militaire ratée

22 juin. La France est coupée en deux. Il faut fuir. Pépé obtient un sauf-conduit pour aller à Toulouse, en zone non-occupée, où Papa a fait retraite aves sa batterie.

Été 1940 Burgaud

Tante Gi, Mamy, Danièle, Pépé, Gilbert, Mémé, Maman

Octobre 1941 - Mai 1943
Toulouse

Hiver 1941

Pyrénées 1942

Confiture familiale

Août 1943
Le répit

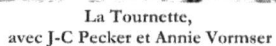

La Tournette,
avec J-C Pecker et Annie Vormser

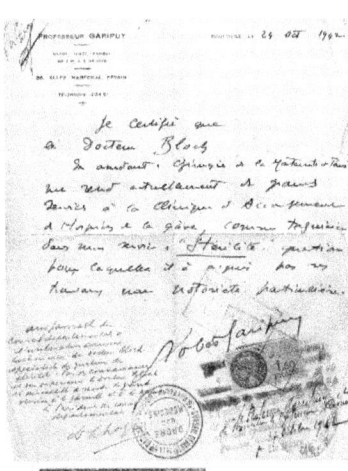
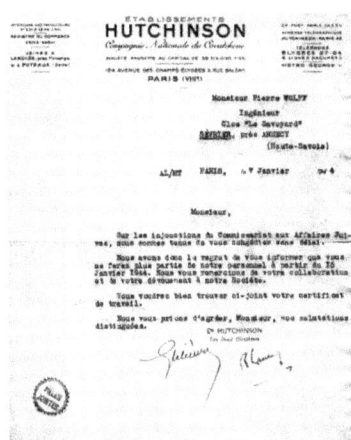
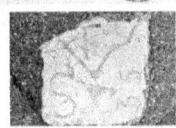

5 mars 1944
Nous avons fui l'ostracisme de Vichy,
sauvé nos vies,
retrouvé nos identités.

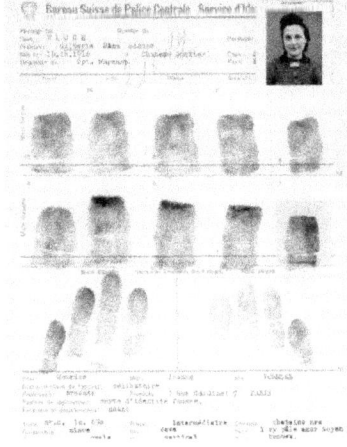

Mamy, Pépé, Mémé
Maman, Papa, tante Gi
Gilbert, Danièle
À Genève, 6 mars 1944

72 ans après !

Rien n'a changé et tout a changé.
Le train à vapeur avec son tandem dans lequel se cachaient les résistants
a fait place au TGV.
La douane m'a gentiment accueilli, sans barbelés.
Le bois de Rougemont, sous le couvert duquel nous avons cheminé
est juste un peu raccourci.

Sans mon cousin Philippe, je n'aurais jamais entrepris mes recherches.
Sans mes "mémoires" suisses,
Ruth qui m'ouvert la voie des Archives de Berne,
Claire qui m'a raconté l'histoire des Cropettes,
mes souvenirs d'enfant n'auraient jamais été validés.
Merci à vous trois.

ARRONDISSEMENT TERRITORIAL   GENEVE, 6.3.1944
    G E N E V E

6444

Déclaration

W O L F F , **Jeanne** née Goldschmidt, fille d'Elias Goldschmidt et de Babette Olff, née le 4.2.1870 à Mulhouse(Alsace), Française, veuve de Léon Wolff, israélite, sans profession, dernier domicile : SEVRIER p/Annecy (France),

accompagnée de son fils :

W O L F F , **Pierre**, fils de Léon Wolff et de Jeanne Goldschmidt, né le 7.11.1902 à Lisieux (France). Français, israélite, ingénieur, marié Jacqueline Bloch, dernier domicile à Sevrier p/Annecy(France),

et de la femme de son fils :

W O L F F née Bloch, **Jacqueline** fille de Maurice Bloch et de Jeanne Wormser, née le 17.9.1907 à Versailles, Française, israélite, mariée à Pierre WOLFF, sans profession, dernier domicile : Sevrier p/Annecy(France),

et enfants de Pierre Wolff:

W O L F F , Gilbert, né le 16.9.1933, Français, juif,

W O L F F , Danielle, née le 5.5.1939, Française, juive.

Ils déclarent :

pris
Nous avons connaissance de l'avis aux réfugiés.

Je suis née en 1870 à Mulhouse où je suis restée jusqu'à mon mariage, en 1901. Après mon mariage, j'allais habiter Lisieux où mon mari était professeur au collège. En 1936, il est décédé à Paris, après que nous avions séjourné jusqu'en 1910 à Lisieux, puis jusqu'en 1928 à Oran et finalement à Paris.

Mon fils, Pierre, est allé, lui, en 1919 à Paris où il a fait ses sés études d'ingénieur, et en 1932, s'est marié à une Mlle. Jacqueline Bloch. Il était pendant plusieurs années occupé comme ingénieur dans une entreprise de caoutchouc à Paris. En 1939, mon fils Pierre était mobilisé comme Lt.Cdt.de Bttr.Art. (106e.Bttr.4ole.Reg.D.C.A Le 8.2.1941 il a été démobilisé régulièrement, mais a été conservé dans le même service comme civil jusqu'au 1er.7. 1941.

Au début 1940 j'allais rejoindre ma belle-fille qui a quitté auparavant Paris pour La Boule (Ldre inf). Dans cette localité, je suis restée avec ma belle-fille et ses enfants jusqu'à fin juillet 1940. A cette époque, je suis allée avec ma belle-fille et ses enfants dans la région de Toulouse où mon fils Pierre était au cantonnement avec sa Bttr.

- 2 -

Nous avions élu domicile à Toulouse même où nous sommes restés jusqu'en mai 1943. Après le licenciement régulier de mon fils Pierre, il a continué comme civil dans l'armée. Au mois de juillet 1941 il a repris son activité professionnelle civile.
En mai 1943 nous sommes allés, toute la famille, nous installer à Sevrier près Annecy (Hte.Savoie). Mon fils Pierre a continué son activité professionnelle d'ingénieur pour la Sté. Hutchinson.
Comme dans cette localité, trois familles juives ont été arrêtées, nous sommes partis de cet endroit il y a environ un mois. Nous nous sommes procurés de faux papiers et n'avions plus de domicile fixe. Sous un faux nom, je suis entrée le 12.2.44 dans une clinique d'Annecy pour un traitement, tandis mon fils Pierre et sa femme étaient dans la région de St. Julien-le-Genevois et ses enfants étaient confiés à des amis à Annecy.
Le 1er.3.1944 nous nous sommes retrouvés et c'est alors que nous avions décidés de nous réfugier en Suisse. Il y avait alors aussi les beaux-parents BLOCH, soit Maurice Bloch,père, et Jeanne BLOCH mère,et Gilberte Bloch, fille. Chacun est parti de son coin et le 5.3.1944 nous nous sommes retrouvés dans la maison du passeur près de Soral. La tante du passeur est garde-barrière (ligne St.Julien-en-Genevois et Valleiry). Le 5.3.1944 vers 1230 nous avons franchi clandestinement la frontière franco-suisse dans la région de Soral. Le passeur surveillait les patrouilles, tandis que sa femme nous avait accompagnée. Elle nous avait accompagné jusqu'aux fils de fer barbelés. Avant de partir nous avons payé au passeur lui-même une somme globale ffr.16.000.-- pour les huit personnes que nous étions.
Arrivés sur territoire suisse, nous avons été arrêtés par des sdts.suisses qui nous ont conduits au Poste de Soral. Par la suite, on nous a transféré au Centre d'accueil des Cropettes, puis au Camp des Charmilles où nous nous trouvons actuellement.

<u>visite sanitaire</u> : sera effectuée ce jour.
<u>moyens d'existence</u> : Ffr. 300.000,--déposés par mon fils Pierre.
<u>connaissances en Suisse</u> : M. DREYFUS, Henry, Steinenring, 56, Bâle.
<u>papiers déposés</u> : aucun(ne possèdent que de faux papiers).

i.f.

cpl. Knaus

lu et certifié exact :

Mme-Jeanne WOLFF-Goldschmidt

Mr.Pierre WOLFF

sa femme, Jacqueline :

Arrondissement Territorial
GENEVE.   Genève, le 6.3.44.

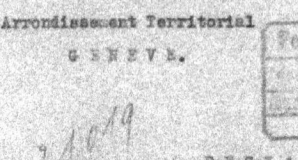

6443

DÉCLARATION.

BLOCH Maurice, fils de Max et de Rebecca née BRUNSCHWIG, né le 5.9. 76, à Mulhouse (Haut Rhin) Français, Juif, marié, chirurgien, d.d. Evrier près d'Annecy.

son épouse : Mme Bloch Jeanne, fille de Albert Voraxxx et de Eugénie Weil, née le 24.8.83, à Versailles.

leur fille : Gilberte, née le 16.10.16, à Château-Gontier (Mayenne).

ils déclarent :

Nous avons pris connaissance de l'avis aux réfugiés.

Je suis né à Mulhouse où je suis resté jusqu'à l'âge de 11 ans. Je me suis rendu ensuite à Dijon où j'ai fait mes études de lycée. A l'âge de17 ans j'ai été commencer mes études de chirurgien à Paris, études qui se sont terminées en 1905. J'ai travaillé dans différents hôpitaux et notamment à la Maternité. Lors de la guerre 14-18, j'ai fonctionné comme médecin-Capitaine. J'ai été nommé Chevallier de la Légion d'honneur et ai reçu la Croix de Guerre. Après la guerre, je suis retourné à Paris et ai fait des recherches approfondies en gynécologie et stérilité. J'avais également ma clientèle particulière. J'ajoute que je suis venu fréquemment en Suisse, en vacances. Lors de la déclaration de guerre de 1939, je me suis rendu à St. Nazaire avec ma famille et ai été requis par le Préfet pour travailler dans l'hôpital de cette localité. Le 17 juillet 1940, je suis parti à Toulouse, toujours accompagné de ma famille. Je suis resté dans cette localité jusqu'en mai 1943. Par le fait que les personnes de race juive avaient été recensées et que nous craignons pour notre sécurité, nous nous sommes rendus à Sevrier (Haute-Savoie) secteur affecté à la garde des Italiens. Par la suite, les Allemands revinrent effectuer la garde et nous décidâmes, ma famille et moi même, d'aller nous réfugier en Suisse, ce pour assurer notre sécurité.

Nous avons franchi clandestinement la frontière le 5.3.44, vers 1230, dans la région de Soral. Nous avions sollicité les services d'un passeur dont nous ignorons le nom. Comme rétribution, nous lui avons donné Fr. 2000.- par personne. Dès notre arrivée sur territoire, nous fûmes arrêtés par un soldat qui nous mena au poste de Douane. Nous avons été dirigés ensuite au centre d'accueil des Cropettes puis transférés au camp des Charmilles.

Visite sanitaire :   sera effectuée.
Moyens d'existence : environ Fr. 4.000.000 en titres et devises.
Connaissances en Suisse : Mme BRUNSCHWIG Neuenstr. Bâle (cousine)
                         Mme. Schrameck-Brunschwig, Kluserstr. Bâle
                         Mlle. BRUNSCHWIG Adrienne,   "   "   "
                         Mr. BRUNSCHWIG Gaston, Birmansgasse 10. Bâle.
Pièces déposées : 3 cartes d'identité françaises (fausses)

72 ans après ! Au point 480, lieu de regroupement de la famille le 5 mars 1944, 12H30

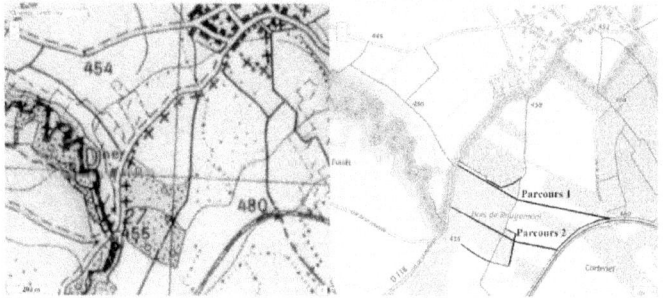

La maison du garde-barrière vue du point de passage en Suisse

Les "Justes" de notre famille.
Mlle Alba et M Rosay

1ère lettre d'après-guerre   Mlle Alba et Pépé (1967)

8
Postface.

2018

Dans l'immédiate après-guerre, nous avons, bien entendu, gardé des liens avec ceux qui avaient contribué à notre survie. En 1947, nous sommes partis, mes parents, ma sœur et moi, retrouver ma chère institutrice, Melle Alba, qui possédait une maison familiale à Tarascon sur Ariège. Voyage épique, dans une fourgonnette « boulangère » Fiat qui menaçait de rendre l'âme à chaque cahot. Pendant huit jours, Melle Alba nous a montré, avec amour, son terroir.
Par la suite, nous nous sommes vus chaque fois qu'elle « montait » à Paris, chaque fois que je « descendais » à Toulouse, lors de mes voyages professionnels.

Lorsqu'elle fut atteinte de la maladie d'Alzheimer, elle ne se souvenait plus que d'un seul numéro de téléphone, le mien. Mes enfants ne m'ont raconté que bien plus tard ses appels incessants et l'angoisse qu'ils avaient ressentie. Elle repose dans le petit cimetière de Sannois.

En 1949, en allant à Chamonix où nous passions nos vacances, nous avons rendu visite aux Rosay, je m'en souviens parfaitement.

Mes parents avaient repris contact avec eux, dès notre retour de Suisse. J'ai retrouvé, en 2013, deux lettres. Dans la première, datée du 16 juin 1945, Me Rosay écrit : *« Mes chers amis, vos lettres nous ont fait le plus grand plaisir... Très souvent, je pense à vous, à vos inquiétudes passées et à tout ce que j'aurais voulu faire pour mieux les calmer. J'aurais voulu pouvoir vous consacrer plus de temps. J'ai particulièrement conservé le souvenir des qualités pédagogiques de Pierre et j'aurais beaucoup gagné à creuser avec lui certains problèmes.*

Je pense notamment à lui ces jours-ci car nous creusons avec quelques amis l'étude du vaste problème de l'éducation.
Pierre me ferait plaisir s'il voulait bien me faire un petit travail qui m'intéresserait beaucoup : Gilbert a dû, pendant votre séjour à Sévrier, suivre des cours à Saint-Michel. Or nous passons actuellement en revue toutes ces maisons d'éducation, en vue de réformer ce qui n'est pas normal et ce qui nuit à l'épanouissement des enfants. Rien ne vaut pour cela un œil neuf sans préjugé et sans passion. J'ai donc pensé à votre foyer. Puisqu'il s'agit d'une œuvre éminemment utile, j'espère que Pierre voudra bien comprendre qu'en critiquant, comme je le lui

demande, un établissement qui a donné asile à son fils dans une période difficile, il rend à ces maîtres dévoués des services beaucoup plus grands que par des compliments plats et serviles ».

Je suis certain que mon père lui a donné satisfaction.

En 2013, j'ai cherché et réussi à contacter Janine Rosay, la fille aînée, dont j'avais occupé la chambre en février 1944, juste avant notre passage en Suisse. Je lui ai envoyé les deux missives de son père. Elle m'a répondu : « *J'ai été heureuse de recevoir votre lettre. J'ai beaucoup apprécié de prendre connaissance de celles écrite par mon père à la fin de la guerre. Pour nous c'est très émouvant. J'étais jeune à l'époque, mais je garde le souvenir de votre famille. J'avais été loin de comprendre le drame que vous viviez. Pour moi, votre père était un ami de Papa qui me donnait des cours de latin. Je me rappelle son humour : un jour, en corrigeant un de mes exercices, il m'a dit : « Je me garderai de critiquer l'auteur de vos jours et de votre devoir ! »*

Pour ces cours, j'allais à Sévrier. Sortir d'Annecy, seule à bicyclette, était aussi pour moi une vraie joie. Quelle impression de liberté. La petite route sympathique que vous aviez appréciée est inabordable maintenant, voitures et gros camions causent des embouteillages incessants. Jamais nous n'enverrions nos petits-enfants faire ce trajet. Heureusement une piste cyclable a été créée.

Ma mère va mieux mais reste très handicapée. Elle garde beaucoup de mémoire et de vivacité d'esprit. Elle a été très heureuse d'avoir de vos nouvelles. Elle était très sensible à l'idée que vous suggériez de demander une certaine reconnaissance pour l'action de mon père pendant la guerre. Cependant tant de personnes à Annecy même ont fait beaucoup plus et en prenant de vrais risques… Restons discrets.

Nous vous remercions toutefois pour avoir pensé à cela, même si aucune suite n'est donnée.

Maman se joint à moi pour souhaiter beaucoup de bonheur à toute votre famille. »

J'ai respecté leur décision. Les Rosay ne sont « Justes parmi les Nations » que dans mon cœur.

Deux ans plus tard, en 2015, mon cousin Philippe Bernard m'a demandé le lui montrer où nous avions passé la frontière. Sa mère lui avait raconté notre aventure. Il voulait la situer.

J'avoue que revenir sur les lieux où nous aurions pu mourir ne m'enchantait guère. Je ne me décidais pas à effectuer des recherches. Jusqu'au jour où j'ai eu envie d'écrire une nouvelle basée sur des événements vécus. Le héros en serait un gendarme, en poste à Annemasse.

J'essaie toujours de me documenter à fond avant de prendre la plume. J'ai donc surfé sur Internet et je suis tombé sur une thèse soutenue à l'Institut d'Etudes Politiques de Lyon, intitulée : « Annemasse, ville frontière 1940-1944. »

L'auteur, Vincent Dozol, avait fait un travail remarquable, très bien illustré. Il y avait une carte avec les postes de douane de la région ; une photo montrant un garde-frontière suisse et un soldat allemand, habillés d'un uniforme semblable : ma peur du 5 mars 1944 était parfaitement compréhensible. Il y avait des chapitres très détaillés sur les Occupants, les Vichyssois, les mouvements de résistance, les passeurs, la politique de droit d'asile suisse.

Mon cousin Philippe, correspondant spécial du *Monde* à Londres, m'ayant invité à passer quelques jours chez lui, je suis arrivé dans son cottage avec, dans mes bagages, la thèse de Dozol. Il s'est frotté les mains : « Formidable ! Il va nous aider. Je vais lui téléphoner ».

Le courant entre les deux hommes a très bien passé. De retour à Paris, j'ai envoyé à Dozol mon texte. Il m'a fourni en retour deux ou trois numéros de téléphone. Le premier n'a rien donné, le deuxième pouvait, éventuellement, me permettre de passer au crible les maisons de garde-barrière de la ligne Évian-Genève. Le troisième a été le jackpot. Mon interlocutrice était Me Ruth Silbermann-Fivaz. Elle écrivait une thèse sur la politique d'asile en Suisse pendant la guerre et guidait les gens qui, comme moi, cherchaient à localiser le passage de frontière de leur famille. Je lui ai exposé mon cas : huit personnes, arrivées en Suisse la première semaine de mars 1944, près d'Annemasse. Je l'ai entendue feuilleter un listing.

« Wolff... Wolff... J'ai le dossier : N° 6444... avec le rapport du garde-frontière qui vous a arrêtés... avec la déposition de votre père...Vous étiez huit, le dossier ne comprend que cinq noms. »

« Les trois autres sont mes grands-parents maternels et ma tante, la famille Bloch »

« Voilà, j'ai trouvé, c'est le dossier N° 6443. »

Je suis stupéfait. Je balbutie.

« Comment peut-on les consulter ? »

« Ecrivez aux archives de Genève et de Berne dont je vous donne les adresses. Si vous avez le moindre problème, vous me recontactez. »

Dix jours après, je reçus huit dossiers zippés, un par personne, même pour ma sœur qui avait cinq ans à l'époque. Deux cents documents en tout, une vraie mine d'or !

La localisation du point de passage était maintenant facile. Je connaissais le nom de la commune suisse où nous étions arrivés, Soral. Je craignais que la zone boisée où nous étions passés n'ait été victime de l'urbanisation galopante. Grâce à Google Maps je découvris que le paysage n'avait pas trop changé.

Philippe et moi reprîmes contact avec Ruth et son ami Claire Luchetta, son *alter ego*, afin de convenir d'une date pour les rencontrer et aller sur les lieux.

Le jour dit, nous nous sommes rendus, avec nos femmes, à la maison du garde-barrière d'où nous étions partis en 1944 pour la frontière (point 480 de la carte). Ruth m'avait prévenu que je ne la reconnaîtrai pas. Elle avait été achetée par un Anglais qui l'avait complètement transformée.

Au moment où nous sommes arrivés près du passage à niveau, j'ai éclaté de rire : le TGV Évian-Paris venait de passer et la barrière automatique s'ouvrait pour me souhaiter la Bienvenue en Suisse !

Il y avait deux chemins qui partaient du passage à niveau : celui de droite allait vers le village de Soral. Philippe s'y aventura en tête. Je l'arrêtai : « Tu ne prends pas le bon chemin. Nous sommes arrivés aux barbelés en traversant un petit bois. Regarde à gauche, cela doit être par là. »

Je n'ai pourtant pas retrouvé le chemin forestier, une partie du bois ayant dû être coupée. Nous sommes passés en Suisse, sommes arrivés chez Ruth. Elle nous a présenté Claire. Nous sommes retournés ensemble à Soral. En bordure du bois, l'ancien poste de douane était toujours en place. 72 ans après ! La boucle était bouclée. Merci Philippe. Nous avons fêté l'événement par un superbe déjeuner dans une auberge locale.

En rentrant à Paris, j'ai eu la curiosité d'aller sur le site IGN. Il existe un menu "Remonter le temps" où on peut mettre côte à côte, à la même échelle, et à la même longitude, une carte de 1950 et la carte moderne. En utilisant un calque, j'ai vérifié que la forêt de Rougemont, à l'ouest de Soral, a bien été amputée, depuis 1944, sur une largeur d'une cinquantaine de mètres. Il ne m'est plus resté plus qu'à tracer les deux parcours les plus probables pour aller du passage à niveau au poste de douane. Ils sont distants d'environ deux cents mètres. Mais peu importe d'ailleurs si c'est l'un ou l'autre. Pour nous, il a été le chemin de la liberté.

J'ai remonté le temps, avec émotion.

Achevé d'imprimer en septembre 2018
Pour le compte de Z4 Editions

www.ingramcontent.com/pod-product-compliance
Lightning Source LLC
Chambersburg PA
CBHW071717090426
42738CB00009B/1798